本书获得

联合国开发计划署资助项目（CPR/13/304/14/002）

中国农业科学院科技创新工程（ASTIP-IAED-2021-08）

中国农业科学院所级基本业务费（161005202010）

中国科学技术协会资助项目（20200608CG080738）

资助

臧良震 —— 著

中国农林生物质能源资源潜力及其利用的环境经济效益研究

Research on the Potential of
AGRICULTURAL AND FORESTRY
BIOMASS ENERGY RESOURCES
in China and the Environmental and Economic
Benefits of Its Utilization

中国财经出版传媒集团

经济科学出版社
Economic Science Press

前　言

在全球气候变暖的背景下，发展低碳经济成为今后各国应对气候变化的基本途径。生物质能源利用是实现低碳经济可持续发展的一项重要措施，生物质能源具有污染少、易燃烧、灰分低等特点，而农作物和森林资源遍布世界各地，资源量较大，并且在生长过程中可以将大气中的二氧化碳进行吸收以生物量的形式固定下来，因此农林生物质能源在碳减排中能够发挥重要作用。中国农林资源极为丰富，丰富的农林资源为中国农林生物质能源资源的开发和产业发展奠定了良好的基础。通过开发农林生物质能源，可以促进能源结构优化，实现低碳减排，对中国能源、环境和经济的全面协调发展具有重要的战略意义。

近年来，国家出台了一系列措施支持农林生物质能源发展，并对未来发展方向进行了系统的布局和展望，如《生物质能发展"十三五"规划》《全国林业生物质能源发展规划 (2011—2020 年)》等一系列农林生物质能源发展规划，展现了未来农林生物质能源的发展趋势和重点建设内容，为农林生物质能源产业的健康持续发展奠定了坚实的基础。本书基于中国农林生物质能源资源分布、环境状况和地区发展的非均衡性特征，运用多种分析方法，研究中国不同区域农林生物质能源的资源潜力及其变化过程，在此基础上分析中国农林生物质能源资源潜力与环境和经济之间的空间耦合特征，并对中国农林生物质能源资源的潜在环境效益和经济效益进行评价，以此为中国农林生物质能源产业发展的合理空间布局提供科学决策依据。

本书具有重要的理论意义和实践意义。从实践贡献来看，首先，本书能够为中国今后农林生物质能源产业布局政策的制定提供相应的决策支持。中国农林生物质能源开发的主要目的是以满足能源需求和保护环境为主，在经济高速发展的背景下，能源、环境、经济三者之间的分布极不协调，因此在进行产业发展布局制定时尤为困难，通过以农林生物质能源的潜在资源分布为导向，研究能源、环境和经济之间的相互关系，对未来农林生物质能源的合理发展具有一定的促进作用。其次，本书能够为低碳减排目标的实现提供新的思路。伴随着中国工业化进程的加快，能源消耗不断增加，二氧化碳排放量也在持续升高，带来巨大的减排压力。农林生物质能源的利用提供了较大的发展空间，通过对农林生物质能源的潜在环境效益进行评价，为中国不同区域农林生物质能源产业发展及减排措施的实施提供了具体的数字参考。最后，本书能够为农林生物质能源资源潜力分布较高区域的发展提供新的发展模式。农林生物质能源资源的来源主要依托于农业和林业资源，这些地区均处于中国的农村地区，相对城市而言属于贫困落后区域，因此通过研究农林生物质能源资源潜力与经济发展之间的潜在关系，可以在一定程度上为农业和林业资源密集区域的经济发展提供新的借鉴。从理论贡献来看，一方面，通过综合农业、林业、能源、经济、环境、地理等众多学科的理论知识，结合中国农林生物质能源的潜在资源分布特征，形成农林生物质能源—环境—经济系统的空间关系理论体系，对今后中国农林生物质能源的开发研究具有一定的理论指导意义。另一方面，本书既运用传统的统计学方法，如一般回归分析、聚类分析等，也运用空间统计分析方法，如全局空间自相关分析法、局部空间自相关分析法、空间热点分析法和空间回归分析等。多种方法的综合运用，形成较为完善的农林生物质能源资源潜力与环境和经济之间的评价体系，丰富了农林生物质能源产业经济学的研究体系。

目　录

Contents

3

目
录

第一章

绪　论

第一节　研究背景和问题的提出

一、研究背景

当前，全球气候变化成为人们关注的一项重要议题。全球气候变化的原因概括起来可以分为两类：一类是自然因素，如太阳辐射、大气环流、海洋环流及火山爆发等诸多现象；另一类是人类因素，如传统化石能源的利用导致温室气体排放增加等（Giovanni，2010；Shi，2016）。联合国政府间气候变化专门委员会在 2006 年的评估表明，自 1750 年以来，随着整个社会工业化进程的加快，人类活动已经逐渐成为全球气候变暖的主要原因（IPCC，2006）。特别是从 20 世纪之后，全球气候变暖 90% 以上的因素来自人类活动，而这其中最重要的原因是传统化石燃料的利用导致温室气体排放增加（Wang，2016）。

由此可见，在全球气候变暖的背景下，发展低碳经济成为今后各国应对气候变化的基本途径（Cintas，2016）。低碳经济是指在可持续理念的指导下，通过技术创新、产业转型、新能源开发等多种手段减少传统化石能源的消耗，降低高碳能源的使用率，从而达到温室气体减排的目的，以实现社会和生态共同发展的一种经济发展形态（Deviren et al.，2016）。低碳经济最初在 2003 年的英国能源白皮书《我们能源的未来：创建低碳经济》中提出，作为低能耗、低污染、低排放的经济发展模式，它通过全方位改造以化石能源为基础的现代工业文明，将其转为生态文明，是人类社会继农业文明和工业文明后的又一次重大进步（Olaleye et al.，2015）。中国于2010年在全国五省八市开展了低碳产业建设试点工作，首次将减排目标纳入国民经济和社会发展五年规划纲要，并设定到2020年实现单位国内生产总值二氧化碳排放量比2005年降低40%~50%的减排目标。由此可见，中国在今后的经济发展中面临较大的减排压力，低碳发展已经成为今后中国发展的必然趋势（Zhang et al.，2016）。

低碳经济的实质是提高能源效率和清洁能源比例，核心是能源技术创新和制度创新（Chang，2015）。而生物质能源是一种蕴藏在生物质中的能量，是一种广泛的可再生能源，目前，全球生物质能源资源的潜力范围大约在每年200~600艾焦（EJ）之间（Offermann et al.，2011），生物质能源资源潜力巨大，因此，发展生物质能是实现低碳经济可持续发展的一项重要措施。生物质能具有污染少、易燃烧、灰分低等特点（Bilgen et al.，2015），主要包括能源作物、薪柴、农业残余物、林业残余物、动物粪便、固体废弃物和生活污水等多种形式。而农作物和森林资源遍布世界各地，资源量较大，其生物质能除了具有以上特点之外，农林植物在生长过程中还可以通过光合作用将大气中的二氧化碳进行吸收，并且以生物量的形式固定下来，因此农林生物质能源在应对碳减排中能够发挥重要作用，是实现低碳经济和应对气候变化的重要选择（Long et al.，2013）。

农林生物质能源除了在应对气候变化方面起到重要作用之外，也是能源供给的一项重要补充。据《国家能源局2016年能源工作指导意见》预计，2016年中国能源消费总量在43.4亿吨标准煤左右，而2016年中国能源生产总量约为36亿吨标准煤（国家能源局，2016），由此可见，中国在能源供给方面严重不足。中国农林资源极为丰富，在农业方面，2019年中国粮食播种面积达11606.4万公顷（国家统计局，2019）；在林业方面，2013年底全国森林面积20769万公顷，活立木总蓄积量164.33亿立方米（国家统计局，2013），丰富的农林资源为中国农林生物质能源资源的开发和产业发展奠定了良好的基础。开发利用农林生物质能源具有广阔的发展前景，通过开发农林生物质能源等可再生能源，可以促进能源结构优化，实现低碳减排，对中国能源、环境和经济的全面协调发展具有重要的战略意义（Elmore，2008；Zhang，2015）。

二、问题的提出

基于以上背景，本书提出以下三个方面的问题。

第一，中国农林生物质能源资源的潜力状况及其分布如何。中国《生物质能发展"十二五"规划》和《生物质能发展"十三五"规划》中指出，虽然中国生物质能源利用潜力较大，但在资源种类、数量、可利用量、潜在资源量及分布等方面还缺乏系统的评价，且从资源和发展潜力来看，生物质能总体仍处于发展初期（国家能源局，2012，2016）。因此，中国农林生物质能源的资源潜力最终有多少？不同省份、不同区域内的农林生物质能源的资源储量以及分布如何？农业生物质能源资源潜力与林木生物质能源资源潜力相比具有哪些异同？中国农林生物质能源的资源潜力变化及未来趋势如何？不同地区的农林生物质能源资源相互间呈现出哪些特征？这些问题是今后农林生物质能源产业布局及发展的基础，也是认知能源潜力与环境和经济之间关系的首要条件。

第二，中国农林生物质能源资源潜力与环境和经济之间的耦合关系如何。2016～2018年国家能源局颁布的《能源工作指导意见》中均指出，要合理优化能源空间布局（国家能源局，2016，2017，2018），那么作为新兴能源，农林生物质能源在能源—环境—经济系统中的相互作用如何？在现有的资源条件下，中国农林生物质能源资源分布与中国碳排放之间的整体区域是否具有耦合特征？各地区之间是否又具有集聚特征？在低碳经济发展的背景下，农林生物质能源资源分布对经济发展的潜在作用如何？认清这些问题对于中国农林生物质能源产业的未来布局及发展具有重要的科学意义。

第三，中国农林生物质能源资源的潜在环境和经济效益如何。中国《节能减排"十二五"规划》和《"十三五"节能减排综合工作方案》中指出，到 2015 年全国万元国内生产总值能耗下降到 0.869 吨标准煤，并且到 2020 年在 2015 年的基础上下降 15%，2015 年全国化学需氧量、二氧化硫排放总量、氨氮排放总量和氮氧化物排放总量分别控制在 2347.6 万吨、2086.4 万吨、238 万吨和 2046.2 万吨，到 2020 年分别控制在 2001 万吨、1580 万吨、207 万吨和 1574 万吨以内。在《生物质能发展"十三五"规划》中也指出，到 2020 年，生物质能基本实现商业化和规模化利用，届时生物质能年利用量约 5800 万吨标准煤。生物质发电总装机容量达到 1500 万千瓦，年发电量达到 900 亿千瓦时，其中农林生物质直燃发电 700 万千瓦。由此可见，生物质能源的利用在调整能源结构、实现低碳发展方面已经得到认可并得到政策的大力支持，那么在当前中国现有的资源条件下，农林生物质能源资源的利用在哪些方面产生了环境和经济效益？整体的环境和经济效益如何？具有环境和经济效益的区域在中国如何分布？在资源分布不均的背景下各区域的环境经济效益集聚现象如何？这也是本书需要解决的问题。

第二节　研究目的和研究意义

一、研究目的

本书基于中国农林生物质能源资源分布、环境状况和地区发展的非均衡性特征，分析中国不同区域农林生物质能源的资源潜力及其变化过程，在此基础上分析中国农林生物质能源资源潜力与环境和经济之间的空间耦合特征，并对中国农林生物质能源资源的潜在环境效益和经济效益进行评价，以此为中国农林生物质能源产业发展的合理空间布局提供科学决策依据，从而推动农林生物质能源产业的市场化和规范化发展。

具体来看，本书主要包括以下几个方面的研究目标。第一，明确中国农林生物质能源的资源类型，计算分析不同类型农业和林木生物质能源的潜在资源量，从而对不同类型的农林生物质能源资源的总量及其构成有所认知，并且对历年的变化规律有所掌握。第二，把握中国不同地区农林生物质能源资源的地域分布状况，了解中国农林生物质能源潜在资源量的区域变动趋势，从整体和局域两个角度把握农林生物质能源的集聚或分散状态及集聚区域分布。第三，以中国农林生物质能源的潜在资源分布为导向，研究碳减排背景下中国农林生物质能源资源的分布状况与碳排放之间的空间耦合关系，进而研究能源、环境和经济系统之间的相互作用关系。第四，基于农林生物质能源资源的区域分布与环境和经济之间的关系，分析中国农林生物质能源资源利用的潜在环境效益和经济效益，对今后中国农林生物质能源资源的合理布局具有一定的参考价值。

二、研究意义

当前，中国经济的发展受到能源和环境两大问题的困扰，而农林生物质能源由于具有可再生性和环保性等特有优势，因此在解决能源供给和环境污染方面能够发挥重要作用。中国农业和林业资源较为丰富，近年来农林生物质能源开发技术也逐步提高，因此农林生物质能源的发展已经具备相当规模的资源条件和技术条件。然而作为一种新兴能源产业，农林生物质能源产业能否有效地与环境和经济进行融合成为一项关键。本书从能源、环境和经济视角对中国农林生物质能源资源与环境和经济的耦合关系进行深入系统的研究，具有重要的理论意义和实践意义。

从理论角度来看，第一，本书综合农业、林业、能源、经济、环境、地理等众多学科的理论知识，结合中国农林生物质能源的潜在资源分布特征，形成农林生物质能源—环境—经济系统的空间关系理论体系，对今后中国农林生物质能源的开发研究具有一定理论指导意义。第二，本书既运用传统的统计学方法，如一般回归分析、聚类分析等，也运用空间统计分析方法，如全局空间自相关分析法、局部空间自相关分析法、空间热点分析法和空间回归分析等。多种方法的综合运用，形成较为完善的农林生物质能源资源潜力与环境和经济之间的评价体系，丰富了农林生物质能源产业经济学的研究体系。

从实践意义来看，第一，本书能够为中国今后农林生物质能源产业布局政策的制定提供相应的科学依据。中国农林生物质能源开发的主要目的是满足能源需求和保护环境，在经济高速发展的背景下，能源、环境、经济三者之间的分布极不协调，因此在进行产业发展布局制定时尤为困难。通过以农林生物质能源的潜在资源分布为导向，研究能源、环境和经济之间的相互关系，对未来农林生物质能源的合理发展具有一定的促进作用。第二，本书能够为低碳减排目标的实现提供新的思路。伴随着中国工业化进程的加快，能源消耗不断增加，二氧化碳排放量也在持续升高，面临巨大的减排压力，为农林生物质能源的利用提供了较大的发展空间。通过对农林生物质能源的潜在环境效益进行评价，可以为中国不同区域农林生物质能源产业发展及减排措施的实施提供具体的数字参考。第三，本书能够为农林生物质能源资源潜力分布较高区域的发展提供新的发展模式。农林生物质能源资源的来源主要依托于农业和林业资源，这些地区均处于中国的农村地区，相对城市而言属于贫困落后区域，因此通过研究农林生物质能源资源潜力与经济发展之间的潜在关系，可以在一定程度上为农业和林业资源密集区域的经济发展提供新的借鉴。

第三节　研究内容

本书以中国各个省（自治区、直辖市）① 作为研究对象，以农林生物质能源资源为导向，探析中国不同区域农林生物质能源资源潜力与环境和经济之间的关系。总体来看，本书主要包括以下四个部分。

第一部分主要包括两章。第一章为绪论，首先对研究背景进行叙述，在此基础上提出研究问题，明确研究目的，并对研究意义进行了阐述，同时列举了本书所运用的方法及研究技术路线。第二章为研究综述，主要对

———————————

① 由于本书内容涉及大量省级数据，为行文及阅读方便，以下"省（自治区、直辖市）"简称"省份"。

当前国内外学者的研究文献进行了归纳和整理，着重从农林生物质能源资源潜力测算、区域分布、农林生物质能源的潜在环境效益和经济效益评价等几个方面进行综述，指出现有研究的优势及不足之处，为研究的开展奠定基础。

第二部分主要是研究中国农林生物质能源的资源潜力问题，主要包括两章。第三章为中国农林生物质能源资源潜力测算，包括农业生物质能源资源的潜力测算和林木生物质能源资源的潜力测算两部分内容。针对不同类型生物质能源资源，在这一章中均进行了归纳，并且对不同类型农林生物质能源资源潜力的计算方法进行了整理，通过利用不同方法计算出本书的研究区域内的农林生物质能源的资源潜力。第四章为中国农林生物质能源资源的区域分布研究。借助于第三章的研究结论，本章主要从农林生物质能源资源潜力区域分布、变化趋势和空间格局等几个方面进行分析，从而有效地把握历年来中国农林生物质能源资源潜力的分布状况及其规律。

第三部分主要是中国农林生物质能源资源与环境和经济的关系研究，主要包括三章。第五章为中国农林生物质能源资源与环境之间的潜在关系研究。本章将二氧化碳作为评价环境状况的主要指标，在测算出各个区域历年二氧化碳排放量的基础上，对中国农林生物质能源资源潜力与二氧化碳排放之间的整体和区域空间耦合关系进行研究。第六章为中国农林生物质能源资源与环境和经济之间的关系研究。本章首先探讨农林生物质能源资源若替代等量化石能源所产生的潜在影响，之后对农林生物质能源资源潜力、碳排放和经济发展之间的空间耦合关系进行研究，在此基础上，利用空间回归方法研究能源、环境和经济封闭系统的相互作用关系。第七章为中国农林生物质能源资源的潜在环境效益和经济效益测算。在环境效益方面，本章主要从农林生物质能源资源利用在应对温室气体减排等方面所具有的潜在效益；在经济效益方面，主要是从当前农林生物质能源资源的两种主要利用方式——供暖和发电两个方面对所具有的潜在效益进行评价。

第四部分主要为研究结论及不足之处。该部分总结了本书的主要结论，同时对研究的不足进行了剖析。

整体来看，本书构成了以下逻辑结构体系。首先，本书始终以资源为导向展开研究，整个研究始终以中国农林生物质能源资源的潜力和分布状况为基础，具有客观性和现实性。其次，本书在通过对中国农林生物质能源资源状况进行充分讨论的基础上，引入当前农林生物质能源资源利用的最主要目标——碳减排，综合探讨农林生物质能源资源潜力与二氧化碳排放两者在整体空间和局部空间的耦合关系。在整体耦合关系方面，主要从两者重心位置、移动距离和方向变化三个角度展开探讨；在局部耦合关系方面，主要从两者所处热点位置方面的协调性展开研究。再次，在以上研究的基础上，本书进一步引入经济变量对农林生物质能源资源与环境和经济之间的关系进行探讨，综合研究能源—经济—环境系统的相互作用关系。最后，本书根据农林生物质能源在环境改善和经济利用两个方面的重要功能，分别对潜在的环境效益和经济效益进行了综合评价，并根据评价结果对整个空间区域布局进行了分析。

第 二 章

国内外研究进展

第一节 生物质能源资源潜力估算

一、生物质能源资源潜力总量估算

生物质能源是可再生能源中的一种重要类型，生物质能源的现代化利用对全球气候变化和能源安全具有重要的贡献，尤其是在能源缺乏地区其地位尤为显著。当前，生物质能源每年大约占全球能源需求总量的 10% 左右，尤其是近年来随着生物质能源开发技术的快速发展，生物质能源产业也得到快速发展（Mao et al.，2015；Horst et al.，2011）。为了评估生物质能源效益、制定生物质能源发展战略、达到预期减排目标，需要明确当前生物质能源的资源潜力。

从现有的研究可知，全球生物质能源资源潜力较为丰富。全球生物质能源资源的潜力范围大约在每年 200~600 艾焦之间，资源量较为丰富，为生物质能源产业的发展奠定了良好的资源基础，其中，仅农业生物质能源资源一项资源潜力就可达每年 62~325 艾焦。由此可见，以农业生物质能源为代表的生物质能源资源具有较大的开发潜力（Offermann et al.，2011）。从生物质能源资源潜力预测的角度来看，生物质能源资源潜力能够保持在较为稳定的区域范围。如在欧洲地区，在全球经济持续发展的背景下，2030 年之前生物柴油和生物乙醇两种类型生物质能源的产量基本保持在 21 万~31 万吨之间（Hellmann et al.，2011），巨大的生物质能源潜力为欧洲经济的低碳持续发展提供了良好的资源基础。

除了对整体区域范围的生物质能源资源潜力总量进行估算之外，现有以某一国家为研究对象的相关文献也进一步证实了各地区蕴藏着丰富的生物质能源资源。如赞比亚的生物质能源资源潜力每年在 310 皮焦（PJ）左右，农作物秸秆类、林木剩余物、牲畜粪便、半干旱区麻风树和城市固体废弃物及污水等生物质能源资源所占比例分别为 64%、17%、9%、8% 和 2%（Shane et al.，2016）。在墨西哥，每年的生物质能源潜力大约为 2228 皮焦，相当于 2010 年能源消费总量的 48%，并且 2030 年生物质能源资源潜力可达 2453 皮焦，但是资源类型有所变化，来自城市固体废弃物和牲畜粪便的生物质能源资源量增加，而能源作物和林业剩余物的生物质能源资源量将有所减少（Rios et al.，2013）。以上的研究均达成了共识，即生物质能源资源具有较大的潜力。

二、农林生物质能源资源潜力总量估算

以上生物质能源资源潜力总量的测算及预测均包含牲畜粪便类和城市固体废弃物等多种生物质能源类型，但从农业和林木生物质能源资源潜力来看，现有的文献也证实了奥夫曼等（Offermann et al.，2011）的研究，即农林生物质能源资源潜力总量在生物质能源总量中占有最为重要的地位。

（一）农业生物质能源资源潜力估算

泰国农业生物质每年可产生约 1040 万吨剩余物，这些剩余物为生物质能源的生产提供了坚实的基础，若以此剩余物进行生产，可生产生物乙醇 11.4 亿~31.2 亿升，产量相当于 2011 年汽油消费总量的 25%~69%；同时，相同量的剩余物也可生产生物柴油 8 亿~21 亿升，相当于 2011 年柴油消费总量的 6%~15%。在农业剩余物中，玉米、稻谷和甘蔗三类作物的农业生物质能源潜力最大，玉米类秸秆剩余物可生产生物乙醇 1.25 亿~3.41 亿升，生产生物柴油 0.852 亿~2.27 亿升；稻谷类秸秆剩余物分别为

8.86亿~24.2亿升和6.04亿~16.1亿升；甘蔗秸秆剩余物分别为1.14亿~3.1亿升和0.774亿~2.06亿升（Kumar et al.，2013）。尼日利亚2007年芝麻、棕榈油、棕仁、花生、大豆和棉籽等农作物分别能够生产生物柴油136.4万升、18742.5万升、18742.5万升、2361.6万升、284.5万升和141.1万升（Abila，2010）。克罗地亚小麦秸秆和玉米秸秆的产量每年约为60万吨和49万吨，这些资源可生产生物质能源分别为8.5皮焦和7.2皮焦（Cosic et al.，2011）。印度每年能够产生6.86亿吨农业剩余物，其中34%可以用于生物质能源的生产，可生产生物质能源4.15艾焦，相当于印度年度能源消费量的17%左右，从生物质能源原料类型来看，甘蔗作物用于生物质能源生产的潜力最高，其次为稻谷作物（Hiloidhari et al.，2014）。由此可见，在农业生物质能源潜力方面，不同学者虽然研究区域、研究方法和研究对象有所差异，但是总体来看，均说明全球农业生物质能源资源具有较大的开发潜力，并且能源资源种类较为丰富，不同区域间资源类型各具优势。

当前，较多学者对中国生物质能源的资源潜力进行了研究。部分学者从全国的角度对中国农业生物质能源的资源潜力及其分布状况进行了测算。如赵军等（2008）研究认为，2003年中国秸秆及农业加工副产物的资源总量达到7.2亿吨，实际可获得量达到3.6亿吨，中国农业生物质能源资源主要分布在东北三省、河北、河南和山东等主要粮食作物产区。2007年，中国生物质资源可获得量为3.1亿吨标准煤，其中农作物秸秆可获得量为1.9亿吨标准煤，资源量较为丰富的区域仍然主要分布在河南、山东、河北和东北地区的黑龙江及吉林等区域（王晓明等，2010）。通过测算中国2009年的农业生物质资源量发现，2009年中国农业生物质资源总量约为2.99亿吨标准煤，从分布区域来看，资源量按照由高到低的顺序依次为华北和长江中下游地区、东北、西南和蒙新地区、华南和黄土高原地区、青藏地区（田宜水等，2011）。以上文献从全国角度进行测算，但由于选取的具体作物种类有所不同，研究区域的选择也有一定差异，因此不能进行相互比较，但是以上研究均认为，中国农业生物质能源资源具有较大的资源潜力。

从以上学者们的研究成果中可以看出，当前中国学者对农业生物质能源资源量的研究较为系统全面，研究内容较为丰富，能够全面反映出当前中国农业生物质能源资源的基本状况，但同时研究也存在一定的不足之处。首先，从现有的研究来看，当前学者们的研究绝大多数是选择截面数据进行研究。即资源量的计算与分布主要是利用某一年份的数据进行分析，不能充分反映出当前中国农业生物质能源资源量的时间变化状况及不同时段的空间变动状态。由于生物质能源的生产过程与气候等自然条件密切相关，因此只选取某一年的数据进行分析不足以反映出该地区农业生物质能源资源量的真实情况。其次，研究对象选取不够全面，导致不同学者研究结果有所不同。如对于农作物秸秆资源生物质能源量的研究中，部分学者（刘刚等，2007；高文永，2010）的研究包括稻谷、小麦、玉米、豆类、薯类、花生、油菜、芝麻、麻类、棉花和甘蔗等多种农作物秸秆，研究对象较为全面；而由于数据无法获取等诸多因素，部分学者（郭晓慧等，2012）的研究只选择其中几类进行研究，并将其作为该地区的总的农业生物质能源资源量。

（二）林木生物质能源资源潜力估算

除了农业生物质能源资源潜力估算之外，现有的研究也指出林木生物质能源资源也具有较大的潜力。如在加拿大，林木剩余物资源每年大约为2000万吨左右，枯木资源大约为5100万吨左右，丰富的原材料供应为加拿大林木生物质能源的发展提供了有力的资源基础（Dymond，2010）。克罗地亚每年可产生林木剩余物69万立方米，可生产生物质能源5.9皮焦（Cosic et al.，2011）。西班牙的卡斯蒂利亚－莱昂地区的林木生物质能源资源潜力每年大约为7350兆焦（MJ）的能量（Gil et al.，2011）。也有学者对某一特殊区域的林木生物质能源资源潜力进行了分析。如帕雷德斯－桑切等（Paredes-Sanchez et al.，2016）研究了西班牙阿斯图里亚斯地区煤炭生产区域的林木生物质能源资源潜力状况，研究指出，在中央煤炭生产区域林木生物质能源资源潜力每年大约为18843吨，该研究还对该区域适合林木生物质能源生产的核心区域进行了选择，同时指出，适合林木生物质能源生产的核心区域周边 50 千米内每年林木生物质能源资源潜力可以达 172163 吨。

林木生物质能源资源潜力是林木生物质能源产业发展的资源基础，我国林木生物质能源产业的发展程度直接取决于林木生物质能源的资源潜力和区域分布。从现有的文献来看，林木生物质能源资源潜力测算研究较为宏观，主要是以研究区域总量数据作为支撑对该区域内的资源量进行测算。如赵军等（2008）研究指出，2003 年中国林业加工剩余物的资源总量达到 20 亿吨，实际可获得量达到 20 亿吨，林业生物质能源资源主要分布在东北及内蒙古林区、南方集体林区、西南林区等林木资源丰富的区域。除此之外，也有学者对某一特定区域进行研究，如在中国"三北"地区，每年林木生物质能源可利用量约为 1.1 亿吨，但利用方式一直以燃烧为主，林木生物质能源发电未达到产业化发展阶段（李怒云等，2007）。

但总体来看，现有研究更倾向于省际层面。如研究指出，黑龙江省林木生物质能源储量约为 951.2 万吨，折算成标准煤约为 543.14 万吨。由于仅仅测算了采伐剩余物、薪炭林、防护林、零星植株和抚育间伐几种林木生物质能源，忽略了森林生产加工剩余物，因此测算结果略小于林木生物质能源的实际存量（赵晓光等，2015）。除此之外，也有学者对某一省份内各区域的资源量进行了测算，并对区域内的林木生物质能源资源分布状况进行了研究，如在湖南省，截至 2012 年该省林木生物质能源资源可获得量约为 0.45 万吨，可利用量约为 0.12 万吨，虽然该省林木生物质能源资源量较为丰富，但是可收集量所占比例仅为 7.69%，怀化、湘西、郴州、永州等区域林木生物质能源资源较为丰富，为重点发展区域（何勇强，2014）。在重庆市，林业生物质能源资源量为 112.69 万吨，在农林生物质能源资源潜力中所占比例为 12%；从区域分布来看，农林生物质能源资源分布不均，潼南、荣昌和大足三地区域的农林生物质能源资源较为丰富（周春江，2011）。在新疆维吾尔自治区，薪柴生物质能源资源量为 12193.83 万吨标准煤（刘彦东等，2010）。从现有的文献来看，当前学者对于林木生物质能源资源量的研究主要集中在区域性研究上，较少有学者从中国区域的角度及时间跨度的角度来对各省份的林木生物质能源资源量的时空变化进行分析。

（三）具体类型生物质能源资源潜力估算

区域生物质能源资源潜力总量的测算只能从整体上把握生物质能源的现有状况，不同类型生物质能源资源潜力有所不同。以木质纤维素植物、草本纤维素植物、油类作物及糖类作物等几类生物质能源资源为例，第一代生物质能源（原材料主要来自农作物）中的旱作类作物生物质能源资源潜力大约为每公顷土地60～120吉焦（GJ）之间，第二代生物质能源（原材料主要来自农林残留物、食品加工业副产品或城市垃圾有机废弃物）中的范围大约在每公顷土地100～180吉焦之间，其中木本纤维素类和草本纤维素类生物质能源的资源潜力大约为每公顷土地100～150吉焦之间，油类作物生物质能源的资源潜力大约为每公顷土地26～57吉焦之间，糖类作物生物质能源的资源潜力大约为每公顷土地120吉焦左右（Fischer et al.，2010）。由此可见，不同类型生物质能源之间资源潜力存在较大的差异。如研究发现全球微藻类生物质能源资源潜力可达1300～1500克每平方米，数量巨大（Moody et al.，2014）。在英国，芒草类生物质能源资源潜力大约为383皮焦（Thomas et al.，2013）。以上主要是从总量方面对某类生物质能源资源潜力进行估算，生物质能源资源潜力估算的角度较多，有部分学者以某一具体生物类型为研究对象，从该生物类型的组成成分角度研究了其具有的能源资源潜力。如可汗等（Khan et al.，2015）研究了香蕉皮和萝卜叶两种资源用于生物质能源生产的资源潜力状况，并指出这两种资源可进行生物质能源生产的比例大约为单体总量的1.37%和1.23%。汤姆森等（Thomsen et al.，2014）通过测算非洲西部地区13种主要农作物的生物质能源资源潜力后指出，薯类作物的生物质能源资源潜力最高，每千克可产生439升的甲烷气体或0.61升的生物乙醇。

从研究的对象来看，当前我国学者的研究主要集中于农作物秸秆、薪柴、人畜粪便和城市生活垃圾四个方面，同时也对每一方面的具体生物质能源资源量进行了测算和研究。现有研究认为，全国农业生物质能源总资源量中不同类型资源按照从高到低依次为农作物秸秆资源、畜禽粪便资源、农产品加工剩余物资源和能源作物资源，四者在总资源量中所占的比重大约分别为 57.6%、24.55%、10.6% 和 7.4%（田宜水等，2011）。王晓明等（2010）研究指出，2007 年中国生物质资源可获得量为 3.1 亿吨标准煤，其中农作物秸秆可获得量为 1.9 亿吨标准煤，薪柴和林业加工剩余物可获得量为 0.59 亿吨标准煤，禽畜粪便可获得量为 0.64 亿吨标准煤，农作物秸秆类生物质能源资源潜力最大。赵晓光等（2015）对黑龙江省的生物质资源状况进行了估算，研究发现，2012 年黑龙江省的秸秆生物质资源总蕴藏量达到 2079.43 万吨标准煤。刘彦东等（2010）对新疆生物质能源的资源总量进行了测算，研究指出，2007 年新疆生物质能源资源总量达到 14929.14 万吨标准煤，其中农作物秸秆资源生物质能源量为 2154.912 万吨标准煤，从分布状况来看，新疆生物质能源资源分布不均衡，不同类型生物质能源集中在不同区域。郭晓慧等（2012）研究了北京市玉米和小麦两种农作物秸秆的生物质资源量，测算发现，2010 年北京市玉米和小麦秸秆的生物质资源可获得量分别为 94.8 万吨标准煤和 12.2 万吨标准煤，共计达到 107 万吨标准煤。何俊贺（2013）对广西南宁市的农业生物质资源量进行测算，研究指出，2004~2009 年南宁市农作物秸秆生物质资源量基本保持在 330 万吨左右，从种类看，甘蔗和稻谷等作物秸秆的比例达到 60% 以上。以上文献研究指出，中国不同类型生物质能源资源的潜力也具有较大差异，并且不同区域间不同类型生物质能源资源的区域分布也有所不同。

三、生物质能源资源潜力与市场需求

通过以上的相关研究文献可知，无论是从区域角度还是从资源类型角度，生物质能源资源潜力较为丰富，生物质能源在部分国家已经得到广泛应用，如在加纳生物质能源的利用已经占到主要能源的 64%（Duku et al.，2011）。但是，现有的研究也指出，虽然生物质能源资源潜力较为丰富，但是由于社会能源总需求量较大，生物质能源仍不能满足当前的能源需求。如在欧洲地区，由于土地可利用面积相对较小，并且部分地区由于受气候条件等因素的限制无法进行生物质能源原料供给，因此生物质能源产量将无法满足欧洲地区的生物质能源需求，也无法完成欧盟可再生能源指令（Directive 2009/28/EC）（Cosentino et al.，2012）。希曼斯卡等（Szymanska et al.，2015）通过对波兰生物质沼气发电产业的研究也证实了以上观点，研究指出波兰生物质沼气发电产业的发展较为缓慢，生物质沼气装机容量仅为 0.19 吉瓦（GW），占现有总装机容量的 0.5%。薛等（Xue et al.，2014）通过对美国康涅狄格州生物质能源原料供给能力进行研究，认为在该地区生物质能源只能作为传统能源的补充进行利用。杜阿尔特等（Duarte et al.，2016）研究指出哥伦比亚咖啡作物秸秆总量不足以满足市场对生物质燃料生产的需求，在 2014 年、2017 年、2020 年和 2023 年分别只有需求总量的 81.07%、76.61%、52.23% 和 51.09%。

由此可见，生物质能源利用是整个社会低碳经济发展的必然趋势，整个社会对生物质能源具有较大的需求。但生物质能源的发展除了与经济发展相关之外，作为一种自然资源，其对整个自然环境也具有一定的影响作用。如从生物多样性保护的角度来看，可能会从一定程度上降低生物质能源的生产总量。如泽田等（Ooba et al.，2016）研究指出，日本东部的关东、东北和上越等区域生物质能源潜力与生态服务之间存在较为突出的矛盾，这些区域生物质能源的集中生产将会降低该区域的生态系统服务功能。塞斯梅罗（Sesmero，2014）研究了美国内布拉斯加州的农业剩余物类纤维质生物质能源生产与地下水资源之间的关系，研究指出，每生产一单位生物质能源，地下水资源的消耗量呈现出先减少后增加的变化状态，临界值大约为 36.3 万立方米每年。

第二节 土地资源与生物质能源原料供给潜力

当前，在全球气候变暖和社会经济发展的双重压力下，生物质能源的需求在不断增加，生物质能源产业得到快速发展（Paschalidou et al.，

2016）。但是，随着产业的不断发展，粮食供给与生物质能源原料供给之间的矛盾日益突出，尤其是对农业生物质能源而言，在土地资源有限的条件下，能源类作物种植面积的增加必将会导致粮食作物种植面积的减少（Bos et al.，2016），因此，如何解决土地与生物质能源原料之间的供需成为当前国外学者研究的一项热点问题。

土地资源的可利用量是生物质能源原料产量的决定因素（Saha et al.，2015），若可用于能源类作物种植的土地面积增加，在气候和其他自然条件稳定的情况下，生物质能源资源原料的产量也伴随着增加，那么生物质能源产业的发展就具有了最基本的保障（Wightman et al.，2015）。从现有的文献来看，有的学者对某一区域的生物质能源原料生产的可利用土地面积进行了估算研究。如罗索等（Lossau et al.，2015）研究了巴西现有可利用土地资源是否对农业生物质能源的生产产生影响，研究指出，除亚马孙河流域生态保护区域之外，巴西共有 3700 万公顷的剩余土地资源可供进行农业生物质能源原料生产，其面积相当于当前农作物种植面积的一半左右。从区域分布来看，一半左右的可利用土地主要在巴西的东南区域，在巴西国土面积中占 20% 左右，其次为东北区域（约为 800 万公顷）、中东区域（约为 700 万公顷）和南部区域（约为 300 万公顷），并且米纳斯吉拉斯州的土地可利用面积最大，面积约为 1250 万公顷。

若可利用土地资源较为集中，生物质能源原料供应成本下降，生物质能源最终产品的成本则较低（Ha et al.，2015）。然而，土地资源具有多用途性，除了耕地、林地、草地、工矿交通和居民点用地之外，可利用土地的分散性较为严重，若用这部分土地进行生物质能源原料供应需要进一步判别成本与收益之间的关系，因此边际土地对生物质能源原料的供应具有重要的意义。全球 75% 的能源需求来自城市，尽管城市地区的能源生产无法满足自身的能源需求，但城市中的部分土地资源可以用于农林生物质能源原料的生产，进而满足城市内小区域范围的供热和发电（Pantaleo et al.，2014）。因此，研究城市边际土地利用的农林生物质能源原料供应潜力也是一项热点问题。如萨哈等（Saha et al.，2015）研究了美国波士顿城市边际土地用于生物质能源原材料生产的潜力，研究指出，若城市边际土地用于杨树种植，每年大约可以提供 42130 吨生物质，通过生产每年可获得生物质能源 745~830 太焦（TJ），从比例来看相当于马萨诸塞州 2012 年能源需求总量的 0.6%。由此可见，就具体区域而言，边际土地对生物质能源原料供应的潜力较小，薛等（Xue et al.，2014）的研究也同样得出相似观点。薛等（Xue et al.，2014）以美国康涅狄格州为研究对象，通过运用土地利用适宜模型（Land-use Suitability Model）评价了该地区边际土地中用于乙醇生产的小黑杨森林资源的可种植程度，并指出该州 43% 的边际土地无法进行小黑杨种植以进行生物质能源生产，6% 的边际土地进行种植时生产率较低，剩余土地中只有 27% 的边际土地符合适宜性的概念，但这其中只有 5% 的边际土地具有高度适宜性。

当前能源作物的发展所面临的一个重大问题便是食物供给问题，能源作物的种植必然对土地的利用方式产生一定的影响，在这样的背景下，有的学者研究了冬季粮食作物收割后能源作物种植的资源潜力。费耶雷森等（Feyereisen et al.，2013）以美国玉米和大豆生产区域为例研究了冬季黑麦作物可种植的面积、生物质潜力及生物质能源资源潜力问题。研究发现，在现有的用于玉米耕种的土地上有 744 万公顷的土地适于冬季黑麦种植，在玉米和大豆交替耕作土地上有 3170 万公顷的土地适于冬季黑麦种植，黑麦生物质潜力大约在 11200 万~15100 万吨之间，所产生的生物质能源资源潜力大约在 2~2.6 艾焦之间。

为了满足社会发展对能源的需求，土地资源的使用方式在不断改变。同时，农林作物的类型也伴随着农林生物质能源的生产而产生单一化。因此在生物多样性保护的背景下进行生物质能源土地供给潜力的研究尤为必要。布兰查德等（Blanchard et al.，2015）建立了一个涵盖生物种类分布、地表覆被、土地容量和生物多样性保护等多因素结构框架，系统地分析了南非东开普省地区生物质能源生产对生物多样性保护的影响及潜在风险。研究发现，该地区若以保护生物多样性作为主要目标，则可利用的土地资源将减少 15% 左右，因此对生物质能源作物的种植和原料供应将会产生一定的影响。

第三节　生物质能源的区域分布

一、生物质能源资源潜力的区域分布

虽然当前全球蕴藏着丰富的生物质能源资源，然而由于受到自然条件、技术条件、政策支持、社会经济发展等多种因素的影响，生物质能源的资源潜力分布极不均衡，从全球生物质能源资源潜力分布来看，潜力较高的区域主要集中在亚洲、非洲和南美洲，欧洲、北美洲和大洋洲的资源潜力较低（Offermann et al.，2011）。在欧洲地区，随着气候变化和技术发展，欧洲北部地区的生物质能源资源潜力将会增加，但是在南部地区，由于气候条件等因素的影响，其资源潜力将会有所下降（Cosentino et al.，2012）。

即使是在一个国家的区域范围内，诸多因素的不同也会导致生物质能源资源潜力的分布有所不同。如在印度，生物质能源资源潜力较高的地区主要集中在北方邦及其周边地区（Hiloidhari et al.，2014）；在赞比亚，东部地区和南部地区的东部省和南部省的生物质能源资源潜力较高，而西北地区的卢阿普拉省、铜带省、西部省、西北部省和卢萨卡省等资源潜力较低（Shane et al.，2016）；在墨西哥，东北地区和西北地区生物质能源资源潜力相对于其他区域而言较高，并且农业生物质能源资源主要分布在这两个区域，林木生物质能源资源除了以上两个区域之外，在东部沿海位置资源量也较为丰富（Rios et al.，2013）；在澳大利亚，农作物生物质能源资源原料集中区域主要分布在澳大利亚东南位置的马里地区、威默拉地区、约克地区、阿德莱德地区、新南威尔士州以及澳大利亚南部的西南沿海地区（Herr et al.，2011）。

由此可见，全球生物质能源资源的潜力分布有所不同。具体来看，不同种类生物质能源资源的潜力也有所不同。如全球微藻类生物质能源资源潜力较高的区域主要集中在澳大利亚、巴西、哥伦比亚、埃及、埃塞俄比

亚、印度、肯尼亚和沙特阿拉伯等国家（Moody et al.，2014）。奎因等（Quinn et al.，2012，2013）在此基础上进一步测算了美国微藻类生物质能源资源的潜力及分布状况，研究指出，微藻类产量能够达到每年 20~27 立方米每公顷以上的区域主要分布在太阳辐射较强的区域及全年温度高于零度以上的区域，具体来看主要分布在美国东南地区、夏威夷、佛罗里达和得克萨斯西部地区；微藻类产量在每年 8~14 立方米每公顷的区域主要分布在辐射强度和温度较低的区域，主要集中在美国东北区域和山地西部区域。

在我国，除了从全国的角度对农业生物质能源资源潜力进行研究之外，也有学者从省域的角度进行能源资源潜力测算，研究过程与中国整体农业生物质能源资源潜力测算研究类似，研究结论除了认为各区域存在较大的潜力之外，资源潜力的区域分布也有所不同。具体来看，河南省 1997~2011 年的农业剩余物资源潜力，15 年间河南省的农业剩余物资源理论可获得量为 9.25×10^7 吨，其中秸秆资源量为 1.07×10^7 吨，15 年内农业剩余物资源量没有明显的年际周期性，但是各地区之间的资源量差异较大，资源主要分布在南阳、商丘、周口和驻马店等区域（吴明作等，2014）。郭永奇（2013）也同样研究了河南省 2006~2010 年的农作物秸秆生物质资源量的分布状况，研究结果也同样表明河南省农作物秸秆资源量的地理分布符合以上分布特征。江苏省 2008 年的秸秆类农业生物质能源的资源量为 896.53 万吨标准煤，其中粮食作物类秸秆资源所占比重达到91.8%，在分布趋势方面，江苏省的秸秆类农业生物质能源呈现出由北向南的阶梯式分布（张兵等，2012）。重庆市农林生物质资源量达到 949.768 万吨，其中农业生物质能源资源量为 837.08 万吨，所占比例为 88%（周春江，2011）。

二、生物质能源原料供给的区域分布

以上的研究主要是从生物质能源资源潜力的角度说明当前生物质能源资源潜力分布不均的问题。作为农林生物质能源，原料供给的分布从实质上影响了生物质能源的资源潜力分布状况。但是从现有的研究文献来看，当前研究主要是通过分析现有农林生产的分布状况进行评价，然后在此基础上分析这部分农林作物的剩余物资源，以此从原料供给分布的角度对区域分布进行评价。由于农林作物的生长对土壤、气候等自然条件的依赖性较强，因此农林剩余物资源的分布也有所不同。如在美国，2011 年大约有 1.50 亿吨的农业剩余物资源，2030 年预计可以达到 2.07 亿吨，但是不同类型剩余物资源在各地区的集中分布程度有所不同。玉米秸秆类剩余物资源的潜力最高，主要分布在艾奥瓦州及其周边区域，大麦和小麦秸秆类剩余物资源主要分布在美国的平原地区及西北太平洋地区，稻谷类剩余物资源主要分布在美国的中南地区和加州地区，高粱作物类剩余物资源主要分布在中南地区和平原地区（Muth et al.，2013）。以上研究是从作物种植分布的角度进行研究，埃文斯等（Evans et al.，2010）通过原料适宜性区域分布的角度进一步证实了美国玉米秸秆类剩余物资源的区域分布状况，并在此基础上进行了完善，明确指出玉米秸秆类剩余物资源的潜力首先主要集中在美国的中西地区，其次为密西西比河流域、东南沿海平原地区及加利福尼亚州中央山谷区域。该研究还指出，以柳枝稷作为原料进行生物质能源生产的区域主要集中在美国的东南和中西部地区，其次为东北区域。

在国内研究方面，部分学者研究了林木生物质能源资源的原料收集半径问题，并对林木生物质能源加工点位置选择及原材料收集半径进行具体分析。如王武魁等（2010）在对北京市林木生物质能源资源空间分布进行分析的基础上对加工点选址进行了具体分析，研究指出，北京市林木生物质能源燃料加工厂选址较优的位置为密云区北庄镇、怀柔区汤河口镇、门头沟区雁翅镇和通州区渠头镇，在进行厂址选择同时还需建立配套资源收集点，其中密云区、房山区、怀柔区、昌平区、延庆区等收集点数量在 100 个以上。研究还指出，现有林木生物质能源燃料加工厂的加工能力所覆盖的区域尚未达到收集半径所覆盖的区域，因此现有加工厂可进行规模扩大以增强其能力。贺业方等（2009）研究了生物质能源林基地中原材料供应模式的选择问题，研究指出，林木生物质企业的首选采用要素契约的形式建立自营原料基地，其次是通过商品契约建立原料基地，市场契约形式在当前条件下存在的可能性较小。徐剑琦（2006）研究了我国林木生物质能源资源的收集半径问题，并建立了现有林木生物质能源资源收集半径计量模型和未来能源林资源收集半径计量模型。

三、生物质能源生产单位和消费的区域分布

由于生物质能源资源潜力的区域分布有所不同，因此从根本上影响了生物质能源生产和消费的区域分布状况以及生物质能源产品的成本状况（Pettersson et al.，2015）。从全球来看，生物柴油的生产区域主要集中在美国、巴西、西班牙和荷兰，而木质颗粒燃料的生产区域主要分布在美国、加拿大、俄罗斯和德国（Kuparinen et al.，2014）。从不同区域来看，生物质能源资源潜力的分布直接决定了消费分布状况。如在印度恒河平原区域生物质能源消费量大约为2113万吨，现有的农作物秸秆类生物质资源的消费在恒河流域的各区域均有使用，现有林木生物质能源的消费主要集中在森林资源较为丰富的北安恰尔地区，而动物粪便类生物质能源消费主要分布在德里、旁遮普、哈里亚纳、北方邦、比哈尔和西孟加拉地区（Saud et al.，2011）。

第四节 生物质能源原料供给潜力的影响因素

生物质能源供应链系统是一个较为复杂的系统，除了涉及最上游的土地之外，土地持有者的供给意愿、基地建设、产业支持政策、能源需求等一系列因素均对生物质能源的发展潜力产生重要的影响作用。如以私有林林地持有者的生物质能源原料供给意愿为例，森林面积大小、树种结构和构成、所有权状况和区域人口特征等因素是决定是否进行林木生物质能源原料供给的主要因素（Joshi et al.，2011）。从生物质能源原料的基地建设来看，合理的选择也从根本上决定了生物质能源产业能否顺利发展，如沙

法尔齐克等（Schaffartzik et al.，2014）通过文献综述的形式分析了 20 世纪 90 年代至今乌克兰农业生物质能源的资源潜力问题后明确指出，建立以油菜籽作物为生物质能源基地的方式进行生物质能源原料供应在乌克兰无法取得成功。生物质能源产业供应链系统的下游部分也对生物质能源产业的发展起到决定作用，如维默斯泰特等（Vimmerstedt et al.，2012）以美国乙醇类生物质能源产业下游部分——生物质能源资源分配系统、分配站、燃料利用等乙醇类生物质能源供应链系统作为研究对象，研究了政策干预和市场变化对供应链系统及乙醇类生物质能源资源供应的影响，研究指出，无论是政策干预还是市场变化，竞争性价格、足够的生产者报酬、供应链系统的充分投资及混合燃料的广泛应用四个因素对整个乙醇类生物质能源资源的持续供应和产业的稳健发展均具有重要的影响作用。威特隆德等（Wetterlund et al.，2012）从定向生物质能源支持政策及化石燃料二氧化碳排放成本两个角度研究了欧盟国家生物质能源生产的最优选择问题，研究指出，若第二代生物质能源的总生产成本在每 1000 千瓦时 65～73 欧元之间，生物质能源将会满足交通运输燃料中 3% 左右的需求。从政府政策支持的角度来看，这个成本相当于政府以免税激励的形式提供每 1000 千瓦时 30 欧元的成本；若从二氧化碳的排放成本来看，相当于每吨二氧化碳排放成本为 60 欧元。

现有研究指出，当前中国林木生物质能源产业发展战略应该以增长战略和转型战略为主，林木生物质能源在当前阶段替代传统能源的能力较为有限，但是减排能力较强，环境效益较为明显，产业政策因素对林木生物质能源产业的发展推动作用至关重要（董方晓，2014）。同时，当前中国林木生物质能源在资源集中程度、应用趋势和市场前景等方面具有一定的优势，但是开发动力机制不足及原料的不可持续供应成为制约其发展的主要原因（孙凤莲等，2012）。除此之外，土地资源丰富、林业能源植物培育技术发展成熟、具备转化利用工艺与设备研发能力、政策环境良好等条件是当前中国林木生物质能源发展的主要优势所在，但是原材料收集运输困难、能源林经营粗放、融资渠道单一等因素限制了产业的发展（侯坚等，2009）。也有学者进一步指出，当前中国林木生物质能源发展面临的主要问题是原料收集困难及能源林培育缓慢这两个因素（邢熙等，2009）。以上是从整体的角度进行分析，也有学者对某一具体类型资源进行分析。如吴志庄等（2013）对中国竹类生物质能源的开发利用现状及发展前景进行了剖析，研究指出，竹类资源的广泛分布及丰富程度为中国竹类能源的发展奠定了物质基础，2005年《可再生能源法》的实施为竹类生物质能源提供了法律保障。研究还指出，原料收集困难、生产工艺落后及具体支持政策的缺乏是阻碍当前中国竹类生物质能源发展的因素。由此可见，从现有的研究来看，学者们的研究具有一定的共性，即指出当前中国林木生物质能源的发展具有一定的发展潜力，但是原材料供应问题是当前中国林木生物质能源产业发展所面临的一项重要问题。

除此之外，更多的学者针对林农参与林木生物质能源原材料供应问题进行研究。如从林农行为决策和行为选择方面对林农参与能源林基地建设的影响程度来看，在行为决策方面，林农参与能源林基地建设行为决策主要受林农受教育程度、林地面积大小、林业收入多少和能源林建设预期等几个因素的影响，林农参与能源林基地建设行为选择主要受合作收益、合作成本和合作策略等因素的影响（杨恒，2014）。王瑶等（2015）也通过实际调研的方式获取数据研究了内蒙古自治区赤峰市和通辽市林农参与林木生物质能源产业发展的意愿问题，并指出林农参与能源林建设意愿、参与能源林日常维护意愿和参与生物质能源企业合作意愿主要受社会影响、感知有用性、感知易用性和便利条件等因素的影响。在林农对林木生物质能源的认知和态度问题方面，当前林农对林木质生物能源的认知程度较低，尤其是在林木生物质能源原料、产品和用途方面认知程度均处于较低水平，但是在态度方面，出于利益和环保等方面的影响，林农对林木生物质能源的发展均呈现出积极的支持态度，林木生物质能源的知识普及是提升林农对林木生物质能源发展参与度的重要原因（丁蒙等，2014）。由此可见，从林木生物质能源产业链的最上游来看，虽然驱动因素较多，但是当前林农对林木生物质能源的支持成为保障林木生物质能源原材料供应及产业发展的一项重要因素。

第五节　生物质能源环境效益

当前，国内学者对生物质能源环境效益的研究主要集中在温室气体减排方面。从现有的研究文献可知，中国生物质能源资源潜力较大，生物质能源在温室气体减排方面具有较大的潜力。2007 年中国农村秸秆和农业加工剩余物、林木生物质、人畜粪便和能源植物综合利用在理论上可以减少排放二氧化硫 1674.33 万吨，减少排放氮氧化物 246.57 万吨，减少排放二氧化碳 15.5 亿吨，减少排放甲烷 7524.35 万吨，同时通过使用沼气可以减少砍伐森林 2123.99 万公顷（张亚平等，2010）。2009 年中国农作物秸秆、牲畜粪便和生活及工业废水三种生物质能源的二氧化碳减排潜力可达 5388 万吨，其中农作物秸秆生物质能源可减排 3497 万吨二氧化碳，牲畜粪便生物质能源可减排 1702 万吨二氧化碳，生活及工业废水类生物质能源可减排 189 万吨二氧化碳（张颖等，2012）。2008～2015 年林木生物质能源的二氧化碳减排潜力大约在 7.14 亿～14.27 亿吨范围内变化，到 2020 年减排潜力可达 17.13 亿吨（李顺龙等，2009）。

除此之外，也有学者研究生物质能源利用在农村温室气体减排方面所起到的重要作用。田宜水等（2012）经过测算认为，农村沼气等生物质能源对中国农村能源温室气体的减排具有重要的作用，2009 年的温室气体减排量约为 8529 万吨二氧化碳，2020 年预计可达到 2.97 亿吨二氧化碳。杨子尧等（2014）通过实证调研的方式研究了中国四川凉山彝族自治州农村居民使用沼气产生的环境效益，研究指出，该区域内 35656 户农户户均年温室气体减排量在 1.8～2.5 吨二氧化碳当量范围内，总体来看，每年可减少二氧化硫排放约为 28.84 万吨，减少氮氧化物排放约为 3.13 万吨，减少烟尘排放约为 1.51 万吨。

同时，现有的研究还指出，生物质能源在中国整体范围内的分布不均导致农村生物质能源利用的环境效益也有所不同，环境效益较大的区域主要分布在中国的西南、东北和北方地区的河南、河北及山东，环境效益较小的区域主要分布在宁夏、北京、上海、天津、青海和海南（张亚平等，2010）。

第六节 生物质能源经济效益

目前，许多学者对中国生物质能源的经济效益进行了评价，但是总体来看，由于研究前提和研究过程有所不同，因此进行生物质能源经济效益评价的口径也有所不同。当前学者对中国生物质能源经济效益的研究主要集中在以下几个方面。

首先是中国农村生物质能源多用途利用的综合经济效益评价，如沼气利用经济效益、生物质气化经济效益等多个方面。有的学者研究认为，2007 年中国农村通过发展能源农业可获得的潜在经济效益为 4884 亿元，其中沼气综合利用的潜在经济效益为 1294.55 亿元，生物质气化和发电的潜在经济效益为 3540.17 亿元，能源植物种植的潜在经济效益为 49.28 亿元。从地理分布来看，由于潜在资源量的分布有所不同，中国整体区域的生物质能源潜在经济效益分布省际差异也较大，潜在经济效益较高的省份主要集中在西南和东北区域，较低的省份主要集中在北京、上海等城市（张亚平等，2009）。在中国农村生物质能源利用的经济性方面，研究认为农村户用沼气技术的经济性最强，其次为固体成型燃料技术，秸秆气化集中供气技术的经济性最差（田宜水等，2011）。

除了以上对中国整体生物质能源的经济效益进行评价之外，也有学者对区域生物质能源利用的经济效益进行了评价。如在内蒙古，2010 年该地区的生物质能源替代化石能源所产生的经济效益总价值为 67.72 亿元，其中农作物秸秆用于供暖时的经济效益为 29.57 亿元，用于发电时的经济效益为 13.13 亿元，牲畜粪便用于生产沼气所产生的经济效益为 24.75 亿元，薯类作物生产燃料乙醇的经济效益为 0.27 亿元（米锋等，2013）。在新疆，2012 年新疆生物质能源资源的经济效益可达 239.97 亿元，其中秸秆类生物质能源资源利用的经济效益为 20.83 亿元，牲畜粪便生物质能源资源的经济效益为 195.26 亿元，能源植物类生物质能源资源的经济效益为 23.88 亿元，新疆生物质能源资源经济效益分布整体呈现出西高东低的分布态势（何璇等，2014）。除此之外，也有学者针对农村生物质能源利用中的供热经济效益进行了比较研究。如夏宗鹏等（2014）研究了天津小塔沽村生物质气化燃气和沼气分散供热两种方式的经济效益并对其进行了对比分析，研究指出，两种方式中，前者的初期投资和运行费用要远远高于后者，但是在后期管理方面，后者要优于前者，沼气分散供热每年的副产物经济效益可达 29.9 万元。

其次，也有学者对具体类型的生物质能源经济效益进行了评价。如通过对中国未来 20 年中国液态生物质燃料产业的经济效益进行预测后发现，2030 年中国液态生物质燃料产业发展的经济效益可达 11344.5 亿元，其中边际土地利用的经济价值为 7199.5 亿元，固碳释氧的经济价值为 1271.6 亿元，农林废弃物利用的经济价值为 940.8 亿元，餐饮地沟油利用的经济价值为 1299.2 亿元，减排收益的经济价值为 633.4 亿元（范英等，2011）。除此之外，侯新村等（2011）对京郊地区的纤维素类能源草的经济效益进行了评估，计算发现，以柳枝稷为原材料生产 1 吨纤维素乙醇的经济效益为 4147.85 元，以荻为原材料的经济效益为 1185.08 元，以芦为原材料的经济效益为 2019.76 元。

再次，也有学者主要针对生物质能源发电的经济效益进行了评估，具体来看，主要是针对具体的生物质能源发电企业的经济效益进行评估。如张兵等（2012）采用成本收益分析方法对江苏省三家秸秆类农业生物质能源发电企业的经济效益进行了分析，研究指出，资源环境的外部性得不到有效补偿是当前秸秆发电企业处于亏损状态的主要原因，除此之外，秸秆发电项目起步晚、投资回收周期长、秸秆收集储运体系不完善和财税补贴支持力度不足等因素也是造成亏损的直接原因。魏珣等（2012）运用全成本经济评价模型对安徽黄山地区的燃煤热电厂和生物质热电厂的经济效益进行了比较分析，研究指出，生物质热电联产项目的全成本经济评价优于燃煤热电联产项目，但生物质热电联产项目的原材料及设备成本较高，另外，技术进步使得生物质能源与传统能源的成本差距逐步减小。于春燕等

（2010）通过建立评价生物质秸秆发电效益评价的指标体系，运用模糊评判方法对黑龙江国能望奎生物发电有限公司的综合效益进行了评价，研究指出生物质发电的经济效益主要通过长期来实现，短期内由于投资高等特点，使得经济效益具有一定的滞后性。冉毅等（2015）以安徽省某生物质成型燃料企业为例研究了其经济收益状况，分析指出，成型燃料生物制企业的项目收益较高，按照影响程度的大小排列，对经济效益产生影响作用的因素主要有生物质成型燃料售价、生物质成型燃料原料收购价格、政府部门对生物质成型燃料项目的建设补贴和税收政策。

除了以上研究之外，也有学者从环境治理的角度出发，对生物质能源替代化石能源在环境治理方面所节省的治理成本进行了研究。如陈雅琳等（2010）测算了中国生物质能源替代化石能源可减少化石能源开采的治理费用，通过测算得知，1990～2007 年，通过能源替代可减少环境治理费用773.91 亿元，其中地面沉降、矸石治理和矿井水治理费用分别为 371.75亿元、304.21 亿元和 97.96 亿元。在生物质能源资源替代化石能源资源可减少环境价值损失方面，1990～2007 年共减少损失 11311.76 亿元。

另外，有的学者还对中国林木生物质能源产业发展的驱动力问题进行了分析。如在林木生物质能源产业链的外部驱动因素方面，林木生物质能源产业链的扩展主要来自林木生物质能源的产业政策和行业技术，其次是区域环境负荷，产业需求因素对林木生物质能源产业链的影响效应并不突出（米锋等，2015）。具体从驱动力中的政策方面对中国林木生物质能源产业的影响来看，当前中国林木生物质能源产业发展的近期目标应该以提高公众对林木生物质能源的认知为主，尤其是调动林农参与和企业参与产业发展的积极性，长期来看应以科研投入为主，实现林木生物质能源最终产品由技术研发阶段向产业化推广阶段过渡（谢璐琳，2014）。这些研究结论与学者们从发展战略及发展优劣势问题部分的研究结论也相互呼应，即当前中国林木生物质能源产业的发展仍然处于初级阶段，以市场为导向的林木生物质能源产业发展方式尚不能在当前发展中处于主导地位。在行业发展初期，应更注重政府的带动作用，从产业政策的角度对林木生物质能源产业进行引导和支持，以此培育林木生物质能源供需市场，促进中国林木生物质能源产业发展。

最后，也有学者从中国林木生物质能源进出口贸易的角度进行了产业研究。苏世伟等（2014）研究了中国林木生物质能源的国内供应和国际进口情况，研究发现，在国内供应方面，2003～2010年商品薪材产量与农民自用薪柴相比所占比重较小，但是呈现出明显增长的趋势，研究期间内商品薪材产量占木材产量的比例平均为9%。在林木生物质能源进口方面，木片或木粒占木质燃料进口总量比例较大，高达99%，薪柴、锯末、碎片和剩余物所占比例较小。从进口国别看，中国的木质燃料进口主要来自越南、澳大利亚、泰国和印度尼西亚四国。朱文等（2015）研究了2003～2012年我国木质能源进出口的贸易特征，研究指出中国木质能源贸易规模不断扩大，总体来看进出口贸易呈现出以进口为主的规模特征，进口来源主要集中于发展中国家，而出口市场主要集中于发达国家。这部分研究指出，林木生物质能源贸易在中国已经开始逐步地发展，同时当前中国林木生物质能源具有较强的市场需求能力。

以上研究文献从不同的角度描述了中国生物质能源利用的经济效益评价状况，虽然研究角度有所不同，但是可以发现，当前学者对中国生物质能源经济效益研究的结论可以概括为以下两点。第一，无论是从生物质能源具体利用所产生经济效益的角度还是从生物质能源替代化石能源所产生经济效益的角度，中国生物质能源资源利用都具有较大的经济效益，但是由于资源分布不均，农林生物质能源所产生的经济效益分布也有所不同。第二，在不同类型生物质能源利用过程中，农林生物质能源资源利用所产生的经济效益在总效益中具有较大的比例，这主要是由于农林生物质能源资源的多用途利用所产生的，如农林生物质能源资源供热、发电等。但以上的研究也有较多不足之处，如当前研究主要依赖于截面数据进行研究，研究结果并不能充分反映出一定时期内生物质能源利用经济效益的稳定性。由于生物质能源资源利用所产生的经济效益主要依赖于资源的大小，尤其对农林生物质能源资源而言，其原材料的可获得程度直接决定了农林生物质能源资源的产品产量大小。若所选研究时期由于自然灾害等使某一区域的生物质能源产品利用程度较小，并不能说明长期内该区域生物质能源利用的潜在经济效益较低。并且，当前中国农林生物质能源资源的发展正处于起步阶段，农林生物质能源资源利用具有前期投入大、投资回报周期长等特点，因此通过利用面板数据进行研究，可以从整体上把握当前中国农林生物质能源资源利用的潜在经济效益分布特点，发现其分布的稳定性，因此研究结果可为国家对农林生物质能源扶持政策的制定提供相应的借鉴。

第 ❸ 章

中国农林生物质能源资源潜力测算

农林生物质能源资源具有低污染性、可再生性及可替代性等诸多特征，近年来随着中国对能源需求的增加以及减排压力的增强等多重因素影响，农林生物质能源资源引起了人们的关注。从现有的文献来看，当前对中国农林生物质能源潜力进行测算的方法较多，并且对农林生物质能源资源的界定也有所不同，因此研究结果也具有一定的差异。本章通过总结学者们的现有研究方法，对中国农业生物质能源资源和林木生物质能源资源的分类进行重新界定，以此形成本书的研究基础。通过对中国农林生物质能源资源潜力进行测算，一方面可以从整体上了解和把握中国农林生物质能源资源的分布和变化特征；另一方面为本书下一步的能源、环境和经济三者关系的研究奠定基础。

第一节　中国农业生物质能源资源潜力测算

农业具有广义和狭义两个概念。一般地，广义概念的农业包含种植业、畜牧业、林业、渔业和副业五种形式，它是指以土地或水域空间为载体而进行的生产动植物产品、食品及工业原料的产业。而狭义的农业主要是指种植业，包括生产粮食作物、经济作物和饲料作物等农作物的人类生产活动。在此，本书选取狭义上的农业作为研究对象。农业生物质能源资源主要来源于两个方面：农作物秸秆资源和农业加工副产物资源。农作物秸秆资源是指农作物在收获籽实后所剩余的部分，它是成熟农作物茎叶部分的总称。在中国，农作物秸秆主要来源于粮食作物、油料作物、棉花、麻类、糖料和烟草等几种主要作物。农业加工副产物资源是指农作物收割后在简单粗糙的初级加工过程中所产生的剩余物，中国的农作物加工剩余物主要有稻壳、玉米芯、花生壳、甘蔗渣、甜菜渣和棉籽壳等。以上两种资源可以通过直接燃烧（如炉灶燃烧、锅炉燃烧和压缩成型燃烧等）、生物转化（如厌氧消化制取沼气、煤转化技术制取液体燃料等）和物化转化（如热解制取生物质油、气化制取可燃气体等）等多种技术方式转化为可被直接利用的生物质能源。因此，为了分析中国农业生物质能源的资源潜力、分布状况和潜在环境经济效益，本书首先对中国农业生物质能源的资源潜力进行分析。在中国，由于农作物秸秆资源和农业加工副产物资源尚未列入统计范围，因此，所有农作物秸秆资源量和农业加工副产物资源量需要通过利用农作物产量数据计算得出。

一、中国农作物秸秆资源生物质能源潜力测算

（一）中国农作物秸秆资源生物质能源潜力计算方法

农作物秸秆资源生物质能源潜力通常包括四个部分：农作物秸秆资源实物总蕴藏量、农作物秸秆资源可获得量、农作物秸秆资源可利用量和农作物秸秆资源生物质能源潜力量。

1. 农作物秸秆资源实物总蕴藏量计算方法

农作物秸秆资源实物总蕴藏量是指农作物在收获籽实后所剩余部分的总和。通常情况下，农作物秸秆资源的实物总蕴藏量通过式（3.1）计算得出。

$$Q_a = \sum_{i=1}^{n} P_i \times RPR_i \qquad (3.1)$$

式中，Q_a 表示农作物秸秆资源实物总蕴藏量，i 表示第 i 种农作物，n 表示所有农作物的种类，P_i 表示第 i 种农作物的总产量，RPR_i 表示第 i 种农作物的草谷比系数。由此可见，要获得农作物秸秆资源的实物总蕴藏

量，只需在确定农作物种类的基础上通过获得不同种类农作物的总产量和不同种类农作物的草谷比系数即可得出。农作物种类主要包括粮食作物、经济作物、工业原料作物、饲料作物和药材作物等五大类，由于每年中国尚未对后三类作物进行全面统计，且这三类作物在中国所有作物产量中所占的比重较小，因此本书只选取粮食作物和经济作物作为研究对象。根据研究数据的可获得性，本节选取粮食作物中的谷物（包括稻谷、小麦、玉米和其他谷物）、豆类和薯类作为研究对象，选取经济作物中的油料作物（包括花生、油菜、芝麻和其他油料作物）、棉花、麻类、糖料（包括甘蔗和甜菜）和烟草作为研究对象。

当前，我国统计部门每年均会对农作物的总产量进行统计，因此农作物秸秆资源实物总蕴藏量的计算关键在于获得草谷比系数。草谷比（Residue to Product Ratio，RPR）是指农作物秸秆总产量与农作物总产量之间的比例关系，即草谷比系数 = 农作物秸秆的发生量/作物产量。目前中国尚未公布各地区的草谷比系数，因此，在现有的研究中，学者们主要根据实验数据获取不同种类农作物的草谷比系数。总体来看，学者们所选取的不同种类农作物的草谷比系数值大致相同，但个别种类差异较大，因此导致对农作物秸秆资源实物总蕴藏量的计算结果也有所不同。草谷比系数为一项经验数据，通常情况下该数值通过具体实验或者田间观测得到，谢光辉等（2010，2011）研究了 2006～2010 年中国学者发表的 117 篇禾谷类大田作物试验和 90 篇非禾谷类大田作物试验的原创性论文，通过整理测算了中国部分省份农作物秸秆资源量的草谷比系数，但是研究的范围只局限于部分省份，尚未提出中国农作物秸秆资源的平均草谷比系数。2014 年，王晓玉（2014）在谢光辉等人研究的基础上进一步整理了 2006～2011 年中国学者发表的禾谷类大田作物试验和非禾谷类大田作物试验的原创性论文，通过建立非线性数学模型求得中国各类主要农作物秸秆资源草谷比系数，其研究范围更为广泛。因此，本书借助王晓玉（2014）的研究结论对中国各省份农作物秸秆资源实物总蕴藏量进行测算（见表 3-1）。

表 3 − 1　　　　　　　　　　　各类农作物草谷比系数

农作物	稻谷	小麦	玉米	其他谷物	豆类	薯类	棉花	花生	油菜	芝麻	其他油料	麻类	甘蔗	甜菜	烟草
系数	1.04	1.28	1.07	2.32	1.35	0.53	2.87	0.99	2.90	1.89	2.63	1.73	0.34	0.37	0.66

2. 农作物秸秆资源可获得量计算方法

农作物秸秆资源可获得量是指农作物秸秆资源实物总蕴藏量中可以获得用以进行生物质能源生产的农作物秸秆资源实物总量。农作物秸秆资源可获得量通过式（3.2）计算得出。

$$Q_b = \sum_{i=1}^{n} Q_{ai} \times \lambda_i \qquad (3.2)$$

式中，i、n 和 Q_{ai} 的含义与式（3.1）中的含义相同；Q_b 表示农作物秸秆资源可获得量；λ_i 表示第 i 种农作物秸秆资源可获得系数，即可收集获得的农作物秸秆重量在农作物茎秆总生物量中的比重。由此可见，农作物秸秆资源可获得量的计算只需确定农作物秸秆资源可获得系数即可。由于目前农作物秸秆资源可获得系数没有官方数据，因此本书借助于学者们的相关研究成果对该指标的具体数值进行确定。在现有的研究中，有的学者认为随着科学技术的进步农作物秸秆资源可以 100% 地获得，因此农作物秸秆资源可获得系数应该确定为 1（刘刚等，2007；贺仁飞，2013）；但取值为 1 只是一种理想状态，由于农作物秸秆资源的可获得性与技术等因素密切相关，而目前技术尚未达到完全收获农作物秸秆的水平，因此取值为1 并不能准确估算出目前中国农作物秸秆资源生物质能源资源的现实存量。为此，有的学者对中国农作物秸秆资源可获得系数进行了研究，如崔明等（2008）通过实证调查和文献研究等方式推算出中国稻谷、小麦、玉米、棉花和油菜等五种农作物的可获得系数的平均值为 0.86；蔡亚庆等（2011）在实地获取数据的基础上测算出中国水稻、小麦和玉米三种作物的秸秆资源可获得系数的平均值为 0.81；王亚静等（2010）也同样对农作物秸秆资源可获得系数进行了测算，且测算的农作物种类较为全面，通过对中国主要农作物的收获留茬高度进行实证调查后得出，中国农作物秸秆资源中稻谷秸秆、薯类秸秆、其他粮食作物秸秆、豆类秸秆、油料作物秸秆、棉花秸秆、麻类秸秆、糖类秸秆和烟草秸秆的可获得系数的平均值为0.87。由此可见，虽然现有研究中农作物秸秆资源可获得系数有所不同，但差异不大，本书选取王亚静等（2010）的研究结果作为测算农作物秸秆资源可获得量的依据（见表 3 – 2）。

表 3 – 2　　　　　　　　各类农作物秸秆资源可获得系数

农作物	稻谷	小麦	玉米	其他谷物	豆类	薯类	棉花	花生	油菜	芝麻	其他油料	麻类	甘蔗	甜菜	烟草
系数	0.83	0.83	0.83	0.83	0.88	0.80	0.90	0.85	0.85	0.85	0.85	0.87	0.88	0.88	0.90

3. 农作物秸秆资源可利用量计算方法

农作物秸秆资源的利用形式多种多样，如作为肥料直接还田、作为工业原料进行再生产、作为饲料利用、作为农村能源利用等等，因此能够作为能源资源利用的部分只占所有利用总量中的一部分。农作物秸秆资源可利用量是指农作物秸秆资源可获得量中可以被作为能源利用的总量。农作物秸秆资源可利用量通常用式（3.3）计算得出。

$$Q_c = \sum_{i=1}^{n} Q_{bi} \times f_i \qquad (3.3)$$

式中，i、n 和 Q_{bi} 的含义与式（3.2）中的含义相同；Q_c 表示农作物秸秆资源可利用量；f_i 表示第 i 种农作物的秸秆资源可利用系数。因此，确定农作物的秸秆资源可利用系数成为最终得到农作物秸秆资源可利用量的关键。宋蒇苞等（1995）认为，在中国约有 50% 的农作物秸秆资源直接用于燃烧；段佐亮（1995）也认为，农作物秸秆作为农村能源的补充燃料其所占比例约为秸秆资源可获得量的 45% ~ 47%；钟华平等（2003）通过实证调研后发现，该比例范围在 50% 左右；在《中国能源统计年鉴》统计的农村生活能源中，农作物秸秆使用量在农作物秸秆可获得资源总量中的比例在 50% 以上（国家统计局，2013）。因此，本书根据现有的文献资料，将农作物的秸秆资源可利用系数取值为 0.5。

4. 农作物秸秆资源生物质能源潜力量计算方法

农作物秸秆资源生物质能源潜力量是指农作物秸秆资源中可以作为能源利用的部分所蕴藏的能源的数量，即将农作物秸秆资源可利用量转化为标准煤之后的总量。通常情况下，农作物秸秆资源生物质能源潜力量通过式（3.4）计算得出。

$$Q_d = \sum_{i=1}^{n} Q_{ci} \times \eta_i \qquad (3.4)$$

式中，i、n 和 Q_{ci} 的含义与式（3.3）中的含义相同；Q_d 表示农作物秸秆资源生物质能源潜力量；η_i 表示第 i 种农作物秸秆的折成标准煤系数。由此可见，在获得农作物秸秆资源可利用量之后，通过确定折成标准煤系数便可得到农作物秸秆资源生物质能源潜力量。在中国，国家能源部门对部分农作物的折成标准煤系数进行了确定，因此，本书中稻谷、小麦、玉米、豆类、棉花和烟草等农作物的折成标准煤系数主要来自国家能源部门的公开数据。其余农作物如豆类、薯类、花生、油菜、芝麻、麻类、甘蔗、甜菜、其他谷物和其他油料作物的折成标准煤系数主要来自韦茂贵等（2012）的研究结论。本书所用的农作物折成标准煤系数如表 3－3 所示。

表 3－3　　　　　　　　各类农作物的折成标准煤系数　　单位：千克标准煤每千克

农作物	稻谷	小麦	玉米	其他谷物	豆类	薯类	棉花	花生	油菜	芝麻	其他油料	麻类	甘蔗	甜菜	烟草
系数	0.429	0.500	0.529	0.545	0.543	0.432	0.543	0.541	0.610	0.529	0.584	0.600	0.494	0.205	0.550

（二）数据来源与处理

本节所用的农作物产量数据均来自历年的《中国统计年鉴》《中国农村统计年鉴》及中国国家统计局网站，由于重庆市于 1996 年被国家划为直辖市，统计数据从 1997 年开始单独统计，因此 1997 年之前重庆市和四川省所用数据主要来自《中国农村统计年鉴》和《四川统计年鉴》。由于本书所用的研究数据较多，且时间跨度较长，而历年统计年鉴中个别统计数据缺失，因此对所用的个别缺失统计数据进行计算。具体来看，本书以

下所用数据通过计算获得：（1）"其他谷物产量"通过"其他谷物产量 =
谷物产量 - 稻谷产量 - 小麦产量 - 玉米产量"公式获得；（2）甘肃省
2011 年的稻谷产量根据 2010 年和 2012 年的平均值求得；（3）重庆市
1997 年之前的数据主要根据《四川统计年鉴》中重庆市的相关统计数据
获得，四川省（不含重庆市）的数据主要通过该年鉴中的总量数据减去
重庆市的数据后获得。考虑到本书进行研究时还涉及林业统计数据，而
全国森林资源清查结果每 5 年统计一次，因此为了能够与获取的林业数
据相统一，此部分农业生物质能源资源量的研究时间段选取为 1993 ~
2013 年，共计 21 年。

（三）中国农作物秸秆资源生物质能源潜力估算结果

通过利用相应公式，笔者计算了中国及各省份农作物秸秆资源实物总蕴
藏量、可利用量、可获得量和农作物秸秆资源生物质能源潜力量。图 3 - 1
反映了中国农作物秸秆资源实物总蕴藏量、可利用量和可获得量三者 1993 ~
2013 年的变动情况。

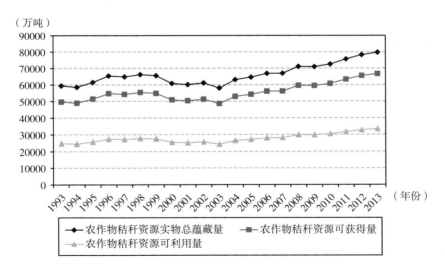

图 3 - 1　中国农作物秸秆资源量变化趋势
资料来源：根据笔者计算结果整理。

从农作物秸秆资源实物总蕴藏量来看，笔者所测算的总量与现有学

者的研究相差不大，如笔者测算 1995 年的结果为 61436 万吨，朱建春等（2012）的测算结果为 59300 万吨；笔者测算 1999 年的结果为 65521 万吨，王晓明等（2010）的测算结果为 65600 万吨，韩鲁佳等（2002）的测算结果为 64100 万吨；笔者测算 2001 年的结果为 60082 万吨，朱建春等（2012）的测算结果为 58900 万吨，曹国良等（2006）的测算结果为 61000 万吨；笔者测算 2002 年的结果为 61092 万吨，曹国良等（2006）的结果为 62300 万吨；笔者测算 2003 年的结果为 57976 万吨，朱建春等（2012）的测算结果为 56900 万吨，曹国良等（2006）的测算结果为 59300 万吨；笔者测算 2005 年的结果为 64611 万吨，朱建春等（2012）的测算结果为 63400 万吨；笔者测算 2006 年的结果为 66845 万吨，朱建春等（2012）的测算结果为 65200 万吨。从图 3-1 中可以看出，中国农作物秸秆实物总蕴藏量的历年变化较为稳定，资源总量的最高点出现在 2013 年，总蕴藏量为 79671 万吨，最低点出现在 2003 年，总蕴藏量为 57976 万吨。

整体来看，中国农作物秸秆实物总蕴藏量的变化呈现出两个阶段，第一阶段为 1993 ~ 2003 年，中国农作物秸秆实物总蕴藏量呈现出倒 "U" 型变动趋势。在这个阶段，实物总蕴藏量在 1993 年呈现小幅下降，到 1994 年达到低点后逐渐开始增长，但增长幅度不大，到 1998 年达到最高点 66212 万吨，之后实物总蕴藏量开始下降，到 2003 年达到最低点。在这一阶段，虽然实物总蕴藏量的变化有升有降，但是变动幅度不大，农作物秸秆实物总蕴藏量始终在 [57976，66212] 万吨这个区间内变动。笔者通过测算所得出的 1998 ~ 2003 年农作物秸秆资源实物总蕴藏量持续下降的变动趋势与毕于运（2010）、谢光辉等（2011）的研究结论一致，造成以上倒 "U" 型变化的原因主要是由于 1998 年开始中国全面实施农业结构战略性调整（毕于运，2010），即在以市场需求为导向的前提下对农业结构进行调整。2003 ~ 2013 年为第二个阶段，在该阶段内，中国农作物秸秆实物总蕴藏量呈现出持续上升的变动趋势，2003 年为最低点，2013 年达到最高点，在整个阶段内只有 2008 ~ 2009 年实物总蕴藏量呈现出下降的变动状态，但是下降幅度不大，绝对量为 111.26 万吨，相对量仅有 0.15%。在整个期间内，实物总蕴藏量平均每年以 3.26% 的幅度增长。

从农作物秸秆资源可获得量来看，本节测算结果的历年变动与农作物秸秆资源实物总蕴藏量的变化呈现出相同的变动趋势，即 1993～2003 年期间呈现出先上升后下降的趋势，然后从 2003 年开始逐步升高，到 2013 年达到最高点。在整个研究时间段内，起点 1993 年的农作物秸秆资源可获得量为 49658 万吨，在第一个时间段内，最高点出现在 1998 年，为 55393 万吨，之后在 2003 年达到整个研究周期的最低点 48596 万吨。从 2003 年开始持续增长，在 2013 年达到研究期的最高点，为 66697 万吨。在第一个时间段内，农作物秸秆资源可获得量在 ［48596，55393］万吨区间内变动，从 2003 年开始，平均每年以 3.25% 的速度增长。由此可见，虽然不同种类农作物的秸秆资源可获得系数有所不同，但是通过实际计算后所得出的变动趋势与农作物秸秆资源实物总蕴藏量相同，从农作物秸秆资源可获得系数来看，本书所选取的可获得系数平均值为 0.86，不同种类农作物的取值范围在 ［0.80，0.90］之间，因此各种农作物可获得系数的相对集中也是农作物秸秆资源可获得量变化趋势与农作物秆资源实物总蕴藏量变化一致的主要原因。

本书根据现有学者的研究结果将农作物秸秆资源可利用系数统一选取为 0.5，因此测算的中国农作物秸秆资源可利用量的变动趋势与农作物秸秆资源可获得量的变动趋势一致。在研究时间段内，1993 年中国农作物秸秆资源可利用量为 24829 万吨，之后持续缓慢增长，在 1998 年达到极大值后开始下降，在 2003 年达到最低点 24298 万吨，之后开始持续上升，在 2013 年达到最大值 33348 万吨。从整个变动情况来看，虽然在 1993～2003 年间具有一定的上下波动状况出现，但是波动范围并不明显，1993～2009 年，中国农作物秸秆资源可利用量的取值在 ［24298，29736］万吨范围之内，从 2010 年开始突破 30000 万吨。

图 3-2 反映了中国农作物秸秆资源生物质能源潜力量的历年变动情况。1993～2013 年，中国农作物秸秆资源生物质能源潜力量的变动呈现出先上下波动、后持续缓慢增长的变动趋势，其变动状态与实物总蕴藏量、可利用量、可获得量三者的变动趋势相同。在 1993 年，农作物秸秆资源生

物质能源潜力量为 24829 万吨标准煤，之后在 1994 年下降为 24471 万吨标准煤；从 1994 年开始增长，到 1998 年达到第一个极值点 27697 万吨标准煤，之后生物质能源潜力量开始下降，到 2003 年降为研究期内的最低点 24298 万吨标准煤；从 2003 年开始，农作物秸秆资源生物质能源潜力量平均每年以 3.25% 的速度增加，在 2013 年达到最高值，其潜力量为 33348 万吨标准煤。

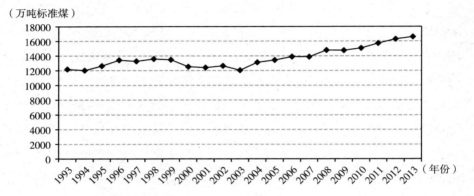

（万吨标准煤）

图 3 - 2　中国农作物秸秆资源生物质能源潜力量变化趋势
资料来源：根据笔者计算结果整理。

二、中国农业加工副产物资源生物质能源潜力测算

（一）计算方法

农业加工副产物是指在农作物初级加工过程中所产生的农作物剩余物，如玉米芯、蔗渣等。在中国，农业加工副产物主要有稻壳、玉米芯、棉籽壳、花生壳、蔗渣和甜菜渣等几种类型。与农作物秸秆资源生物质能源潜力的概念类似，农业加工副产物生物质能源资源潜力也包含四个部分，分别为农业加工副产物资源实物总蕴藏量、农业加工副产物资源可获得量、农业加工副产物资源可利用量和农业加工副产物资源生物质能源潜力量。

1. 农业加工副产物资源实物总蕴藏量

农业加工副产物资源实物总蕴藏量是指农作物在初级粗加工过程中所产生的剩余物的总量，通常情况下，不同类型农作物在加工过程中所产生的剩余物的总量在农作物经济产量中占有一定的比例，该比例称为农作物加工副产物系数（Process Residue Index，PRI），因此，农业加工副产物资源实物总蕴藏量可以通过农作物经济产量与农业加工副产物系数的乘积得到。但部分农作物的计算方法除外，如棉花有皮棉和籽棉之分，皮棉在籽棉中占有一定的比重，在《中国农村统计年鉴》中，统计部门对棉花产量的统计为皮棉产量，因此在计算棉籽壳时，还需考虑到将皮棉转化为籽棉，在此基础上通过棉籽壳系数得出棉籽壳的实物总蕴藏量。除棉籽壳实物资源总蕴藏量之外，本书中的稻壳、玉米芯、花生壳、蔗渣和甜菜渣 5 种农业加工副产物资源实物总蕴藏量通过式（3.5）计算得出。

$$Q_a^1 = \sum_{i=1}^{n} P_i \times PRI_i \qquad (3.5)$$

式中，i 表示第 i 种农业加工副产物，n 表示所有的农业加工副产物种类，Q_a^1 表示农业加工副产物资源实物总蕴藏量，P_i 表示第 i 类农作物产量，PRI_i 表示第 i 种农作物的加工副产物系数。

除式（3.5）之外，棉籽壳实物资源总蕴藏量通过式（3.6）计算得出。

$$Q_a^2 = P' \times \left(\frac{1}{\mu} - 1 \right) \times PRI' \qquad (3.6)$$

式中，Q_a^2 表示棉籽壳实物资源总蕴藏量，P' 表示皮棉产量，PRI' 表示棉籽壳加工副产物系数，μ 表示衣分，即皮棉占籽棉的比重，在此选取常规数值0.38。因此，农业加工副产物资源实物总蕴藏量等于以上 Q_a^1 和 Q_a^2 之和，即：

$$Q_a = Q_a^1 + Q_a^2 \qquad (3.7)$$

本书所选取的农作物加工副产物系数如表 3 - 4 所示（郭利磊等，2012）。

表 3 − 4   各类农作物的加工副产物系数

农作物	水稻	玉米	棉花	花生	甘蔗	甜菜
系数	0.18	0.16	0.47	0.27	0.16	0.05

2. 农业加工副产物资源可获得量

农业加工副产物资源可获得量是农业加工副产物资源实物总蕴藏量中可以获得的实物总量。因此，通过农业加工副产物资源实物总蕴藏量和农业加工副产物可获得系数两者乘积即可得到可获得量：

$$Q_b = \sum_{i=1}^{n} Q_{ai} \times \lambda_i \tag{3.8}$$

式中，Q_{ai} 与式（3.7）中的含义相同，Q_b 表示农业加工副产物资源可获得量，λ_i 表示第 i 种农业加工副产物的可获得系数。由于农业加工副产物是在农业田间秸秆及其经济产物收获之后的初级粗加工过程中形成的，而农业生产的主要目的在于获得经济产物，因此在初级加工过程中将副产物与经济产物分离时基本不产生副产物的损失（邢红等，2015），因此我们认为农业加工副产物的可获得系数可取值为 1，即 λ 等于 1。由此，农业加工副产物资源可获得量等于农业加工副产物资源实物总蕴藏量，即：

$$Q_b = Q_a = Q_a^1 + Q_a^2 \tag{3.9}$$

3. 农业加工副产物资源可利用量

农业加工副产物资源可利用量是指在农业加工副产物资源可获得量中可以被用于生物质能源生产的资源总量，即由农业加工副产物资源可获得量和农业加工副产物资源可利用系数的乘积得出。与农作物田间秸秆相同，农业加工副产物也具有直接燃烧、禽畜饲料、直接还田等多种用途，因此，本书认为农业加工副产物资源可利用系数与农作物秸秆资源可利用系数相同，取值为 0.5，农业加工副产物资源可利用量 Q_c 可以由式（3.10）计算得出。

$$Q_c = \frac{1}{2} Q_b = \frac{1}{2} Q_a \tag{3.10}$$

4. 农业加工副产物资源生物质能源潜力量

农业加工副产物资源可利用量是指农业加工副产物中最终可以用以进行生物质能源生产的资源量，该资源中最终所蕴藏的能源的数量则需要将其折合成标准煤之后才可得知，因此农业加工副产物资源生物质能源潜力量可以有效地表示该含义，其具体数值可以由式（3.11）计算得出。

$$Q_d = \sum_{i=1}^n Q_{ci} \times \eta_i = \frac{1}{2} \sum_{i=1}^n Q_{bi} \times \eta_i = \frac{1}{2} \sum_{i=1}^n Q_{ai} \times \eta_i \qquad (3.11)$$

式中，Q_d 表示农业加工副产物资源生物质能源潜力量，η_i 表示第 i 种农业加工副产物折成标准煤系数。在此，采用郭利磊等（2012）所计算的折成标准煤系数（见表 3−5）。

表 3−5　　　　　　　各类农作物的加工副产物折成标准煤系数

单位：千克标准煤每千克

农作物	水稻	玉米	棉花	花生	甘蔗	甜菜
系数	0.49	0.60	0.60	0.59	0.60	0.57

（二）中国农业加工副产物资源生物质能源潜力估算结果

基于现有的研究数据，笔者分别利用以上公式计算了历年来中国及各省份的农业加工副产物资源实物总蕴藏量、可获得量、可利用量和生物质能源潜力量。图 3−3 显示了 1993～2013 年农业加工副产物资源总蕴藏量、可利用量和可获得量的变动情况。由于本书选取的农业加工副产物资源可获得量系数取值为 1，因此实物总蕴藏量和可获得量在图中用同一条曲线表示。

从图中可以看出，农业加工副产物资源实物总蕴藏量、可获得量和可利用量曲线的变动趋势基本相同。并且这些曲线的变动状况与中国农作物秸秆资源量曲线的变动趋势也较为吻合，这主要是由于农业加工副产物主要来自于水稻、玉米等粮食作物，而粮食作物在整个农业经济产物中所占的比例最高。农业加工副产物资源实物总蕴藏量、可获得量和可利用量的曲线变动也呈现出两个阶段，即 1993～2003 年的倒"U"型阶段和 2003～2013 年的缓慢持续增长阶段。与中国农作物秸秆资源量的变化有所不同的

43

第三章　中国农林生物质能源资源潜力测算

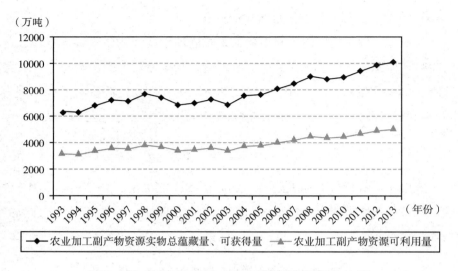

（万吨）

图例：
◆ 农业加工副产物资源实物总蕴藏量、可获得量　　▲ 农业加工副产物资源可利用量

图 3 - 3　中国农业加工副产物资源量变化趋势
资料来源：根据笔者计算结果整理。

是，农业加工副产物资源量的最低点出现在 1994 年，实物总蕴藏量和可获得量为 6384 万吨，可利用量为 3192 万吨。不同曲线的最高点都出现在2013 年，实物总蕴藏量和可获得量为 10199 万吨，可利用量为 5100 万吨。在农业加工副产物资源实物总蕴藏量和可获得量曲线中，第一阶段中 1993 年的资源量为 6453 万吨，之后在 1998 年达到第一阶段的最高点 7778 万吨，随后开始下降，到 2003 年达到 6955 万吨后开始逐步上升。在农业加工副产物资源可利用曲线中，第一阶段开始的 1993 年资源量为 3227 万吨，在 1998 年达到最高点 3889 万吨，之后开始下降，在 2003 年降为 3477 万吨，随后开始逐步上升。

图 3 - 4 显示了中国农业加工副产物资源生物质能源潜力量 1993 ~ 2013 年的变动情况，图中的最低点出现在 1994 年，潜力量为 1758 万吨标准煤，最高点出现在 2013 年，潜力量为 2855 万吨标准煤。整个变动趋势也同样分为两个阶段，即 1993 ~ 2003 年的倒 "U" 型阶段和 2003 ~ 2013 年的缓慢上升阶段。在第一阶段，农业加工副产物资源生物质能源潜力量在 ［1738，2134］ 万吨标准煤之间变动，变化幅度不大，2003 年开始的第二阶段平均每年以 4.07% 的速度增长。

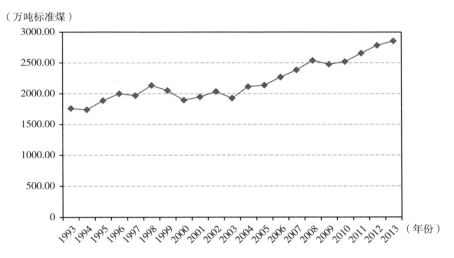

（万吨标准煤）

图 3 - 4　中国农业加工副产物资源生物质能源潜力量变化趋势
资料来源：根据笔者计算结果整理。

三、中国农业生物质能源资源潜力时间变化及构成

（一）中国农业生物质能源资源潜力时间变化分析

　　通过对以上章节中农作物秸秆资源生物质能源潜力量和农业加工副产物资源生物质能源潜力量的数据进行汇总求和，得到中国及各省份农业生物质能源资源潜力总量，图 3 - 5 反映了中国农业生物质能源资源潜力量1993~2013 年的变动情况。从图中可以看出，农业生物质能源资源潜力量的最低点出现在 1994 年，为 13757 万吨标准煤，最高点出现在 2013 年，为 19459 万吨标准煤。在整个研究期内，农业生物质能源资源潜力量的曲线变动状态呈现出两个变化趋势，第一个变化时间段为 1993~2003 年，在该时间段内农业生物质能源资源潜力量呈现出先上升后下降的趋势，即倒"U"型结构，在 1993 年，资源潜力量为 13942 万吨标准煤，之后到 1994年略有下降，然后开始稳步上升，在 1998 年达到最高点 15719 万吨标准煤，随后资源潜力量开始下降，在 2003 年达到最低点。第二个变化时间段为 2003~2013 年，在该时间段内，除了 2008~2009 年产生 0.49% 的下降

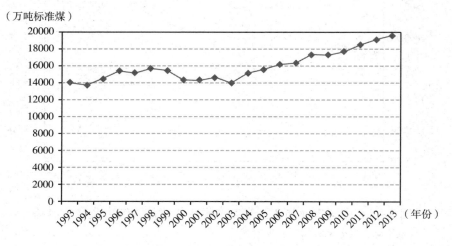

幅度之外，其他时间段均呈现缓慢上升的趋势，在这期间内，农业生物质能源资源潜力量平均每年以3.39%的速度增长。

（万吨标准煤）

图3－5　中国农业生物质能源资源潜力量变化趋势

资料来源：根据笔者计算结果整理。

（二）中国农业生物质能源资源潜力的构成分析

从不同种类农业生物质能源资源潜力的变化趋势来看，1993~2013年，稻谷、小麦和玉米三种农作物秸秆资源生物质能源潜力所占的比例始终较高，其他种类生物质能源潜力比例较低。在这三种生物质能源之中，稻谷和小麦秸秆资源生物质能源潜力变化较为平稳，1993~2003年，整个变化呈现出先上升后下降的趋势，从2003年开始持续上升，但是总体来看变化幅度不大，在整个时间段内变化较为稳定。但是玉米秸秆资源生物质能源潜力的变化状况在此期间内有所不同，2003年之前，玉米秸秆资源生物质能源潜力的变化也较为稳定，但是从2003年开始，该类生物质能源资源潜力快速增长。在1993年，生物质能源潜力仅为2416万吨标准煤，之后在1998年达到第一个最高点，潜力量为3123万吨标准煤，之后开始缓慢下降，在2003年降为2721万吨标准煤，从2003年开始，玉米秸秆资源生物质能源潜力量开始快速增加，到2013年潜力量增加为5132万吨标准煤，与2003年相比资源潜力量增加了近1倍。除了以上三种生物质能源之外，其他种类农业生物质能源资源潜力的变化呈现出两个特点。第一，整体变化较为平稳。1993~2013年，不同种类农业生物质能源资源变化均未产生明显的增加或降低状况。第二，绝大多数种类农业生物质能源资源潜力逐步增加，部分种类农业生物质能源资源潜力有所下降。1993~2013年，其他谷物、豆类、麻类、甜菜及甜菜渣等农业生物质能源资源潜力量有所下降，但下降幅度不大，其他种类农业生物质能源资源潜力在此期间内均呈现出上升趋势，但增加并不明显。

为了进一步研究中国农业生物质能源资源潜力的种类构成，本书对1993~2013年不同种类农业生物质能源资源潜力进行平均计算，并对其所占比例进行了比较（见图3-6）。从图中可以看出，在研究期间内，稻谷秸秆资源生物质能源潜力量所占的比重最高，为21.94%；其次为玉米秸秆资源生物质能源，为20.80%；小麦秸秆资源生物质能源次之，比例为17.85%。这三种农业生物质能源资源潜力量在整个农业生物质能源资源潜力中所占的比例高达60.59%。其他种类农作物秸秆资源生物质能源中，各种类型所占比例差异不大，从高到低依次为油菜籽（5.32%）、甘蔗（4.26%）、豆类（3.97%）、其他谷物（3.91%）、棉花（2.43%）、薯类（1.92%）、花生（1.91%）、其他油料作物（1.01%）、烟草（0.29%）、甜菜（0.22%）、麻类（0.19%）和芝麻（0.17%）。农业加工副产物资源

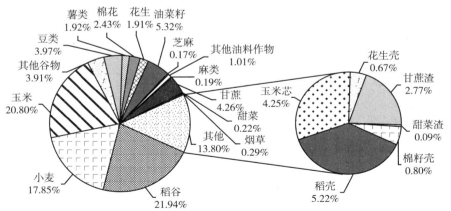

图3-6 1993~2013年中国农业生物质能源资源潜力平均构成比例
资料来源：根据笔者计算结果整理。

生物质能源潜力量在整个农业生物质能源资源潜力中所占的比例平均为13.8%，从具体构成来看，主要来源于稻壳、玉米芯和甘蔗渣，在整个农业生物质能源资源潜力中三者所占比例分别为5.22%、4.25%和2.77%。

第二节　中国林木生物质能源资源潜力测算

由于林木生物质能源资源的来源和类型不同，本书采用自下而上的系统分析方法构建林木生物质能源资源估算模型（Smeets，2007）对中国林木生物质能源资源潜力进行多样化的量化估计。根据林木生物质能源资源的来源不同，林木生物质能源资源主要来自三个方面：林地生长剩余物、林业生产剩余物和能源林采伐物（见图3－7）。林地生长剩余物是指在非保护区域内生长的且尚未列入工业用材采伐的林木所产生的剩余物资源，这部分剩余物主要产生于为了促进林木苗壮成长而采取的一系列生产活动过程中，包括灌木平茬剩余物、经济林抚育管理剩余物和四旁树抚育修枝剩余物等。林业生产剩余物是在森林经营和生产过程中所产生的林木剩余物，它主要来自苗木修枝、定杆及截杆剩余物、中幼龄林抚育剩余物、森

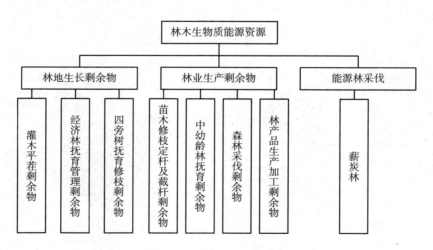

图3－7　林木生物质能源资源类型及构成

资料来源：笔者整理。

林采伐剩余物和林产品生产加工剩余物。能源林采伐物是指在保持森林生态功能和可持续发展的前提条件下以生产林木生物质能源为主要目的的林木经过采伐后所产生的林木生物质资源，通常情况下主要包括薪炭林和油料能源林两种类型，但当前油料能源林种类较多，且中国尚未对油料能源林进行系统的数据统计，只能获得部分类型油料林的截面统计数据，而本节的主要目的在于从空间分析的角度对历年中国林木生物质能源资源潜力的空间分布及其变化趋势进行研究，因此有效的数据不能支撑该研究，鉴于此，本节的研究范畴仅涵盖薪炭林。与农业生物质能源潜力的计算方式相同，林木生物质能源资源潜力通常包括四个部分：林木生物质资源实物总蕴藏量、林木生物质资源可获得量、林木生物质资源可利用量和林木生物质能源潜力量。

一、中国林木生物质能源潜力计算方法

（一）林木生物质资源实物总蕴藏量计算方法

林木生物质资源实物总蕴藏量是指理论上森林资源所拥有的可再生能源的资源量。林木生物质资源实物总蕴藏量通过式（3.12）计算得出。

$$L_a = \sum_{i=1}^{n} FR_i \times u_i + \sum_{j=1}^{n} TC_j \times v_j + EF \times w \qquad (3.12)$$

式中，L_a 表示林木生物质资源实物总蕴藏量；i、j 表示第 i、j 种林木生物质资源类型；FR_i 表示林地生长过程中第 i 种林木的资源量，具体包括灌木林地面积（公顷）、经济林面积（公顷）、四旁树株数（株）三种类型；TC_j 表示林业生产过程中所用的林木资源量，包括抚育/间伐量、采伐量和加工量三个方面，具体又细分为苗木产量（株）、中幼龄林抚育面积（公顷）、年森林采伐限额（立方米）、商品材产量（立方米）、竹材产量（根）五种类型；EF 表示薪炭林资源量，具体用薪炭林面积（公顷）表示；u_i、v_j 和 w 表示不同种类林木生物质资源量的折算系数。由于林木的资源量数据可以直接通过相应的统计资料直接获取，因此计算林木生物质

资源实物总蕴藏量的关键在于确定折算系数。与农业数据中的草谷比系数类似，折算系数也主要是通过样地实验数据获取。从现有的文献来看，有关林木折算系数的实验性研究的文献较少，笔者根据中国林木生物质能源资源研究专题组（2006）、刘刚等（2006）、吕文等（2005）、罗凌（2012）和张希良等（2008）的研究确定了以下折算系数的具体取值（见表3-6）。

表3-6 林木生物质资源量折算系数

林木类型	灌木林地（吨每公顷）	经济林（吨每公顷）	四旁树（千克每株）	苗木（千克每株）	中幼龄林抚育（吨每公顷）	森林采伐（吨每立方米）	商品材（吨每立方米）	竹材（千克每株）	薪炭林（吨每公顷）
系数	10	7.2	2	0.125	7.2	1.17	0.9	5	16

（二）林木生物质资源可获得量计算方法

林木生物质能源资源主要来自林木剩余物（或能源林），因此以上所计算的林木生物质资源实物总蕴藏量中既包含剩余物（或能源林）部分，也包含用于其他工业生产活动所需的主干、果实等部分，因此在计算出林木生物质资源实物总蕴藏量之后，需要从中剥离剩余物（或能源林）部分，可获得的这部分林木生物质资源量称为林木生物质资源可获得量。林木生物质资源可获得量通过式（3.13）计算得出。

$$L_b = \sum_{i=1}^{n} L_{ai} \times \lambda_i \qquad (3.13)$$

式（3.13）中，L_b 表示林木生物质资源可获得量，i 表示第 i 种林木生物质资源类型，L_{ai} 表示第 i 种林木生物质资源实物总蕴藏量，λ_i 表示第 i 种林木生物质资源可获得系数。与林木生物质资源量的折算系数获取的文献相同，林木生物质资源量的可获得系数具体数值见表3-7。

表3-7 林木生物质资源量可获得系数 单位:%

林木类型	灌木林地	经济林	四旁树	苗木	中幼龄林抚育	森林采伐	商品材	竹材	薪炭林
系数	33	100	100	100	10	58	20	20	25

（三）林木生物质资源可利用量计算方法

林木生物质资源可利用量是指林木生物质资源可获得量中可以用来进行能源生产的生物质总量，主要是通过林木生物质资源可获得量与可利用系数相乘获得。

$$L_c = \sum_{i=1}^{n} L_{bi} \times f_i \qquad (3.14)$$

式中，L_c 表示林木生物质资源可利用量，L_{bi} 表示第 i 种林木生物质资源可获得量，f_i 表示第 i 种林木生物质资源的可利用系数。林木生物质资源可利用系数是一系列对能源生产的非技术性约束的综合表述，本书的具体取值如表 3－8 所示（中国林木生物质能源资源研究专题组，2006；刘刚等，2006；吕文等，2005；罗凌，2012；张希良等，2008）。

表 3－8　　　　　　　　　林木生物质资源可利用系数　　　　　　　单位：%

林木类型	灌木林地	经济林	四旁树	苗木	中幼龄林抚育	森林采伐	商品材	竹材	薪炭林
系数	56	20	33	67	22	26.14	26.14	26.14	100

（四）林木生物质能源资源潜力量计算方法

林木生物质能源资源潜力量是指在最终可获得的林木生物质资源量中所蕴含的能源的总量，即将可利用资源量转换成标准煤之后的总量。通过林木生物质资源可利用量与林木折标煤系数相乘便可获得最终林木生物质能源资源潜力量。根据《中国能源统计年鉴》中所确定的各种能源折标煤参考系数，本书选取折标煤系数为 0.571，即林木生物质能源资源潜力量 L_d 可以由式（3.15）计算得出。

$$L_d = 0.571 \times \sum_{i=1}^{n} L_{ci} \qquad (3.15)$$

二、数据来源与处理

本书计算的林木生物质能源资源量主要来源于灌木平茬剩余物、经济林抚育剩余物、四旁树抚育剩余物、苗木修枝、定杆及截杆剩余物、中幼林抚育剩余物、采伐剩余物、林产品生产加工剩余物、竹林加工剩余物和薪炭林共9种类型，分别通过灌木林地面积、经济林面积、四旁树株数、苗木产量、中幼龄林抚育面积、年森林采伐限额、商品材产量、竹材产量和薪炭林面积9个具体指标进行计算。其中，灌木林地面积、经济林面积、四旁树株数和薪炭林面积数据分别来自第四至第八次中国全国森林资源清查结果报告，其对应年份分别为1993年、1998年、2003年、2008年和2013年；苗木产量、中幼龄林抚育面积、商品材产量和竹材产量数据来自1993年、1998年、2003年、2008年和2013年的《中国林业统计年鉴》；年采伐限额数据来自"八五""九五""十五""十一五""十二五"期间年森林采伐限额汇总表。在研究过程中，对于缺失数据分别做了以下处理：西藏1993年和1998年的森林采伐限额根据2003年、2008年和2013年该省份在全国总量中所占的比例求得；青海2008年中幼龄林抚育面积根据2003年和2013年的数据求平均值获得；辽宁2003年中幼龄林抚育面积根据1998年和2008年的数据求平均值获得；1993年和1998年中国尚未统计苗木产量数据，仅有苗木面积数据，因此通过利用2003年、2008年和2013年苗木产量和苗木面积数据计算出单位面积的苗木产量（即密度），然后利用三年的平均密度和1993年、1998年的苗木面积数据相乘计算出苗木产量；1993年和1998年四川省9个指标数据包含重庆市数据，因此通过计算两地2003年、2008年和2013年三年数据对应指标的比值，然后利用三年的平均比例计算出两地1993年和1998年9个指标的具体数值。

三、中国林木生物质能源资源潜力时间变化及构成

通过利用以上计算公式，本书具体测算了1993年、1998年、2003年、2008年和2013年中国及各省份林木生物质资源的具体资源总量。图3-8反映了五年中中国林木生物质资源实物总蕴藏量、林木生物质资源可获得量和林木生物质资源可利用量的时间变化状态，总体来看均呈现出上升的变化趋势。具体来看，1993年中国林木生物质资源实物总蕴藏量为

87070.14 万吨，1998 年增加到 98061.74 万吨，在 2003 年资源量略有降低，为 97066.04 万吨，2008 年后又开始增长，为 113432.91 万吨，在 2013 年达到 120943.71 万吨。与中国林木生物质资源实物总蕴藏量的变化趋势相同，林木生物质资源可获得量在 1993 年为 43550.92 万吨，1998 年为 49239.8 万吨，2003 年降为 47365.69 万吨，2008 年后开始增加，为 53657.96 万吨，在 2013 年达到 56751.82 万吨。与前两者的变化状态有所不同，中国林木生物质资源可利用量的变化呈现出持续上升的变化趋势，2003 年未出现下降。在 1993 年，林木生物质资源可利用量为 15129.26 万吨，1998 年为 16886.82 万吨，2003 年为 17119.52 万吨，2008 年为 19223.73 万吨，2013 年达到 20377.98 万吨。总体来看，三者的变化较为稳定，整个过程中未出现较大波动，平均来看，三者每五年分别以 8.77%、7.08% 和 7.82% 的速度增长。

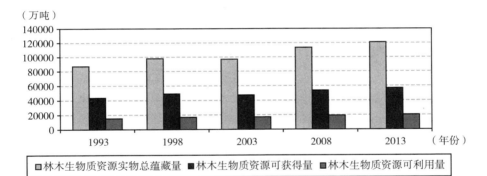

图 3 - 8　中国林木生物质资源量变化趋势

资料来源：根据笔者计算结果整理。

图 3 - 9 反映了中国林木生物质能源资源潜力量的变动情况及其构成。从测算结果来看，本书的测算结果与张卫东、潘小苏等学者的研究结果较为吻合。张卫东等（2015）运用相关数据同样采取自下而上方法对 2013 年中国林木生物质能源的资源量进行测算，在测算过程中将城市绿化抚育修枝剩余物和废旧木制品两个指标也引入测算过程中，若不计算这两个指标，其所测算的 2013 年林木生物质资源可利用量为 21400 万吨，折合成能源量为 12219 万吨标准煤。但该文计算时以全国整体数据作为原始数据进

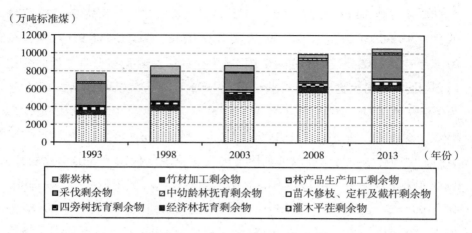

（万吨标准煤）

图例
□ 薪炭林　■ 竹材加工剩余物　□ 林产品生产加工剩余物
□ 采伐剩余物　□ 中幼龄林抚育剩余物　□ 苗木修枝、定杆及截杆剩余物
■ 四旁树抚育剩余物　■ 经济林抚育剩余物　□ 灌木平茬剩余物

图 3-9　中国林木生物质能源资源潜力量变化趋势及其构成

资料来源：根据笔者计算结果整理。

行测算，这部分数据既包含各个省份的数据，又包含地方国有林业企业的数据，如在计算采伐剩余物林木生物质能源资源量时，原始数据不但包含了各个省份的数据，也包含内蒙古森工集团、吉林森工集团、龙江森工集团、大兴安岭林业集团、中林集团等单独统计团体的相关数据，而本书只选取了各个省份数据作为研究，将各省份数据之和作为全国总和，因此笔者的测算结果略小于张卫东等学者的研究，若排除这些森工单位的相关数据，笔者的测算结果与张卫东等学者的测算结果较为吻合。潘小苏（2014）也运用相关数据同样采取自下而上方法对中国林木生物质能源的资源量进行测算，但在测算中幼龄林抚育与间伐剩余物时选取了中龄林和幼龄林的面积之和作为测算的原始数据，而实际情况中只能对部分中幼龄林进行抚育与间伐，因此应该选取"中、幼龄林抚育面积"作为测算原始数据，因此该文研究中这一指标的林木生物质能源资源量测算过高地估计了现有的资源量。除此之外，该文在计算竹林采伐剩余物的生物质能源资源量时将中国竹林现有面积作为测算原始数据，而非将采伐的竹林面积作为原始数据，因此在此指标方面也高估了现有的资源量。同时，其研究在计算薪炭林生物质能源资源量时未考虑薪炭林平茬时间等重要因素，因此计算出的薪炭林生物质能源资源量并非年度资源量，而是薪炭林平茬时期内的资源量的总和，因此该研究也高估了年度林木生物质能源资源量。排除以上三个指标，从具体指标来看，本书各项指标的测算结果与潘小苏文中各项指标的测算结果也较为吻合。

从图3-9中可以看出，1993~2013年，中国林木生物质能源资源潜力量呈现出逐渐上升的趋势。在1993年，中国林木生物质能源资源潜力量为7778.74万吨标准煤，到1998年达到8562.03万吨标准煤，2003年为8632.51万吨标准煤，2008年为9886.37万吨标准煤，2013年总量超过亿吨，达到10537.15万吨标准煤。从变化速度来看，每五年平均以8.00%的速度递增。从林木生物质能源资源潜力的构成结构来看，林木生物质能源资源潜力量的构成主要来自灌木平茬剩余物的林木生物质能源资源和采伐剩余物的林木生物质能源资源。在研究期间内，灌木平茬剩余物林木生物质能源资源潜力量在总量中所占比例平均值为50.27%，采伐剩余物林木生物质能源资源潜力量在总量中所占比例平均值为26.95%，其他种类林木生物质能源资源比例按类型从高到低依次为薪炭林林木生物质能源资源、经济林抚育剩余物林木生物质能源资源、四旁树抚育剩余物林木生物质能源资源、林产品生产加工剩余物林木生物质能源资源、苗木修枝、定杆及截杆剩余物林木生物质能源资源、中幼龄林抚育剩余物林木生物质能源资源和竹材加工剩余物林木生物质能源资源，其所占比例分别为8.07%、6.29%、3.94%、1.91%、1.90%、0.50%和0.17%。由此可见，灌木平茬剩余物林木生物质能源资源和采伐剩余物林木生物质能源资源在整个林木生物质能源资源中所占比重较高，二者合计高达77%。从各种资源的构成变化来看，除了灌木平茬剩余物林木生物质能源资源和采伐剩余物林木生物质能源资源之外，其他种类的林木生物质能源资源潜力量的变化较为平稳。灌木平茬剩余物林木生物质能源资源潜力量所占比例在研究期间内整体呈现出上升的趋势，只在2013年略有下降，1993年、1998年、2003年、2008年和2013年在总量中所占比例分别为40.3%、42.45%、55.37%、57.27%和55.98%，采伐剩余物林木生物质能源资源潜力量所占比例呈现出先下降后上升的趋势，分别为32.04%、31.85%、21.65%、24.05%和25.18%。

第三节 中国农林生物质能源资源潜力总量变化及构成

通过对以上所测算的中国农业生物质资源量和中国林木生物质资源量进行求和，便得到中国农林生物质资源量的变化情况。表3-9显示了1993年、1998年、2003年、2008年和2013年中国农林生物质资源的实物总蕴藏量、可获得量、可利用量和能源潜力量。

表3-9　　　　　　　部分年份中国农林生物质资源量变化情况

年份	实物总蕴藏量 （万吨）	可获得量 （万吨）	可利用量 （万吨）	能源潜力量 （万吨标准煤）
1993	152893.22	99661.62	43184.61	21720.46
1998	172051.08	112410.48	48472.16	24281.32
2003	161996.50	102915.93	44894.64	22619.51
2008	193625.06	122367.57	53578.54	27201.83
2013	210814.45	133648.22	58826.18	29996.13

资料来源：根据笔者计算结果整理。

从时间变化来看，除2003年相对1998年资源量有所下降之外，中国农林生物质资源量呈现出逐步增加的变动趋势，2013年与1993年相比，20多年间中国农林生物质资源的实物总蕴藏量、可获得量、可利用量和能源潜力量分别增加了37.88%、34.10%、36.22%和38.10%，增量幅度较大；从平均值来看，每五年的平均增加速度分别为8.77%、8.12%、8.50%和8.87%。图3-10反映了中国农林生物质能源资源潜力量的变动情况及其构成，从图中可以看出，农业生物质能源资源潜力量在总量中所占比例较大，从五年的比例来看，其所占比例分别为64.19%、64.74%、61.84%、63.66%和64.87%，平均值为63.86%；林木生物质能源资源潜力量所占比例分别为35.81%、35.26%、38.16%、36.34%和35.13%，平均值为36.14%。2003年农林生物质能源资源潜力量有所降低，从所占比例来看，农业生物质能源资源潜力量有所下降，林木生物质能源资源潜力量有所上升，这也从中反映了2003年中国农业生产结构调整对整个农林生物质能源资源潜力量所带来的影响。

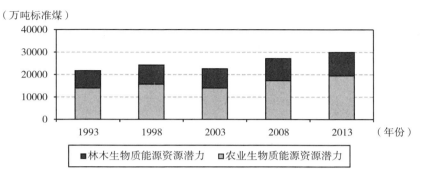

（万吨标准煤）

图3-10　部分年份中国农林生物质能源资源潜力变化和构成

资料来源：根据笔者计算结果整理。

第四节　本章小结

本章主要对中国农林生物质能源资源的种类进行了定义并对资源量进行了测算。本书将农业生物质能源资源的来源定义为两部分，分别为农作物秸秆资源生物质能源资源和农业加工副产物生物质能源资源。在农作物秸秆资源生物质能源部分，笔者将其进一步分解为谷物类（包括稻谷、小麦、玉米和其他谷物）、豆类、薯类、油料作物（包括花生、油菜、芝麻和其他油料作物）、棉花、麻类、糖料（包括甘蔗和甜菜）和烟草等15类农作物类型生物质能源；在农业加工副产物生物质能源资源部分，笔者将其分解为稻壳、玉米芯、花生壳、蔗渣和甜菜渣五种类型的生物质能源资源。在林木生物质能源资源方面，笔者将其分解为林地生长剩余物、林业生产剩余物和能源林采伐物三种类型来源的林木生物质能源资源，其中林地生长剩余物生物质能源资源主要来自灌木平茬剩余物、经济林抚育管理剩余物和四旁树抚育修枝剩余物三个方面，林业生产剩余物生物质能源资源主要来自苗木修枝、定杆及截杆剩余物、中幼龄林抚育剩余物、森林采伐剩余物和林产品生产加工剩余物四个方面，能源林采伐物生物质能源资源类型主要来自薪炭林。在进行中国农林生物质能源资源潜力测算时，本书将其分为四部分，分别为生物质能源资源实物总蕴藏量、生物质能源资源可获得量、生物质能源资源可利用量和生物质能源资源潜力量。本章通过对中国农林生物质能源资源量进行测算，得出 1993 年、1998 年、2003 年、2008 年和 2013 年中国农林生物质能源资源的潜力量分别为 21720.46 万吨标准煤、24281.32 万吨标准煤、22619.51 万吨标准煤、27201.83 万吨标准煤和 29996.13 万吨标准煤，其中农业生物质能源资源的潜力量所占比例较高，平均比例为 63.86%，林木生物质能源资源的潜力量比例较低，平均比例为 36.14%。

第 ④ 章

中国农林生物质能源资源
潜力的区域分布

　　农林生物质能源资源虽然具有可再生性等诸多优势，但是与传统的化石能源相比，农林生物质能源更易受到地理环境的影响，由于其来源依赖于不同植物类型的生长，因此农林生物质能源资源的分布容易受到所处位置的生态地带及气候条件的影响。除此之外，中国农林生物质能源资源量的分布也在较大程度上受到政策的影响，如国家实行农业产业结构调整，必然会使得不同区域内的农作物类型发生变化，因此势必影响到中国农业生物质能源资源类型的改变及整体数量的变化。1998 年中国开始实施退耕还林工程，2000 年开始实施天然林资源保护工程，2008 年又全面实施集体林权制度改革，一系列政策措施的实施也均影响到中国林木生物质能源数量和结构的变化。由此可见，中国农林生物质能源资源的分布具有明显的时空特征。为此，通过分析中国农林生物质能源资源的分布特征，可以有效地了解资源的分布规律，从区域整体和局部变化了解其稳定性，把握资源的变动特征，这对于中国农林生物质能源资源的科学合理开发具有重要意义，同时也为能源、环境和经济关系研究奠定一定基础。

第一节　中国农林生物质能源资源潜力区域分布的
描述性分析

　　上一章对中国农林生物质能源资源量进行了测算，并且从全国的角度对中国农林生物质能源资源量的时间变化进行了分析。以上仅是进行简单的总体分析，并不能充分反映出中国农林生物质能源资源量在各个省份的分布状况，同时也不能反映出不同时间段不同省份分布状况的变化特征，基于此，本节继续利用上一章所计算出的中国各省份农林生物质能源资源潜力数据，运用空间统计分析方法对其空间分布特征进行分析。在研究过程中，本节根据计算出的中国各省份的农林生物质能源资源量数据，利用Jenks自然断裂法将其按照由高到低的顺序划分为四类，以此形成中国农林生物质能源资源潜力的空间分布格局。

通过计算得出，1993年中国农林生物质能源资源潜力处于最高层次，该期间处于［1057.660001，1990.360000］万吨标准煤区间的省份主要有山东、河南、四川和云南，处于第二层次位置即［697.010001，1057.660000］万吨标准煤区间的主要有黑龙江、吉林、内蒙古、河北、江苏、安徽、湖北、湖南、江西、广东和广西11个省份，处于第三层次位置即［224.190001，697.010000］万吨标准煤区间的主要有辽宁、山西、陕西、重庆、贵州、浙江、福建、甘肃、新疆和西藏10个省份，处于第四层次即［62.530000，224.190000］万吨标准煤区间的主要有北京、天津、上海、青海、宁夏和海南6个省份。整体来看，农林生物质能源资源较为丰富的区域主要分布在西南地区的云南和四川等森林资源较为丰富的省份以及华北地区的山东、河南等农业大省，资源潜力匮乏区域主要集中在西北地区的各个省份。

在1998年，农林生物质能源资源潜力较高的区域即处于［1245.350001，2011.650000］万吨标准煤区间的省份与1993年相比没有变化，仍然是山东、河南、四川和云南4个省份；资源潜力处于［791.010001，1245.350000］万吨标准煤区间的省（区）个数与1993年相比减少1个，江西省从第二层次位置中退出成为第三层次位置中的省份；农林生物质能源资源潜力层次处于［267.680001，791.010000］万吨标准煤区间的省份与1993年相比增加了江西省，其他省份未发生变化，省份个数为11个；资源潜力层次处于最后层次位置即处于［62.120000，267.680000］万吨标准煤区间的省份未发生变化，仍然为6个。整体来看，

1998 年各省份在农林生物质能源资源潜力的分布排序位置上与 1993 年相比基本上没有发生变化，在上一章中计算农林生物质能源资源潜力时发现，1993～1998 年农林生物质能源资源潜力总量是增加的，而各省份的位置基本未发生变化，因此可以断定，1993～1998 年各省份的资源量有所增加，同时增加的幅度未发生较大的变化。

从 2003 年的中国农林生物质能源资源潜力分布来看，处于最高层次区域即农林生物质能源资源潜力处于［1097.650001，1771.690000］万吨标准煤区间的省份增加到 5 个，在 1998 年的基础上增加了广西。处于第二层次位置即［670.160001，1097.650000］万吨标准煤区间的省份个数变化较大，具体来看，除了广西从这一层次位置跳跃到第一层次位置之外，西藏和新疆从 1998 年的第三层次区域跳跃到 2003 年的第二层次位置上，虽然该区域内省份个数变化不大，但是整体来看区域变化幅度较大。2003 年农林生物质能源资源潜力处于第三层次位置即［158.760001，670.160000］万吨标准煤区间的省份除了西藏和新疆有所变化之外，青海也从 1998 年的第四层次位置进入该层次位置中。处于第四层次即［32.250000，158.760000］万吨标准煤区间的省份除了青海发生变化之外其他省份未发生变化，个数从 1998 年的 6 个减少为 5 个。整体来看，2003 年中国各省份农林生物质能源资源潜力的空间分布有着明显的变化状态，部分省份从 1998 年的层次跳跃到更高一层的层次位置。

2008 年，中国各省份在农林生物质能源资源潜力分布与 2003 年相比未发生大幅度的变化，处于资源潜力最高层次位置即［1302.540001，1976.210000］万吨标准煤区间的省份与 2003 年相比增加到 6 个，即增加了内蒙古。处于第二和第三层次位置的省份除了广东省发生变化之外其他省份未发生变动，广东省由 2003 年的第二层次位置转移到 2008 年的第三层次位置，使得处于第二层次位置的省份个数减少到 9 个，处于第三层次位置的省份个数增加到 11 个。处于第四层次位置即［34.60000，190.900000］万吨标准煤区域的省份个数没有发生明显变化，仍然为 5 个。

2013 年中国各省份在农林生物质能源资源潜力分布也只有少数省份发生变化。具体来看，第一层次位置即［1319.460001，2141.740000］万吨标准煤区间的省份个数增加到 7 个，即增加了黑龙江省。处于第二层次位置即 [902.560001，1319.460000] 万吨标准煤区间的省份除黑龙江从 2008 年的第二层次位置跳跃到第一层次位置之外，其他省份未发生变化。处于第三层次位置即 [358.300001，902.560000] 万吨标准煤区间和第四层次位置即 [32.940000，358.300000] 万吨标准煤区间的省份除浙江省从 2008 年的第三层次位置降低到 2013 年的第四层次位置上之外，其他省份未发生变化。

从中国各省份农林生物质能源资源潜力的空间分布来看，1993～2013 年，各个省份的分布及历年变化主要表现出以下特征：首先，除了 1998～2003 年的区域分布发生明显的变化之外，其他时间段各省份的位置较为稳定。2003 年之后，各个省份的农林生物质能源资源潜力分布呈现出稳定的趋势，即 2003 年之后整个分布状况又形成了新的格局。除该时间段外，其他时间段的变化并不明显，只有极个别的省份发生变化。其次，发生位置变动的省份主要是向农林生物质能源资源潜力更高层次的位置变动。如处于农林生物质能源资源潜力第一层次位置的省份在不断增加，在 1993 年时仅为 4 个，到 2013 年时增加为 7 个。最后，处于农林生物质能源资源潜力较高层次位置的省份主要集中在西南地区和东北地区等森林资源较为丰富的区域以及华北地区等农业资源较为丰富的区域，农林生物质能源资源潜力较低的省份主要集中在西部地区资源较为匮乏的区域。

第二节 中国农林生物质能源资源潜力区域分布的趋势变化分析

一、核密度分析模型的建立

本节利用核密度估计法分析中国农林生物质能源资源潜力收敛的动态性和长期趋势。核密度估计法是一种非参数的估计方法，由于其无须建立经济变量之间具体的计量经济模型，且仅是从数据本身特性出发研究数据的分布特征，因此可以有效地避免预设函数形式而导致测算值与实际值之间产生较大差异（高铁梅，2009）。假设 X_1、X_2、$\cdots$、X_n 为独立同分布样本，则核密度经验分布函数为：

$$F_n(y) = \frac{1}{n} \sum_{i=1}^{n} \theta \quad (X_i \leqslant y) \tag{4.1}$$

式中，$F_n(y)$ 为农林生物质能源资源潜力（或农业生物质能源资源潜力或林木生物质能源资源潜力）经验分布函数；n 表示本书所选取的 31 个省份；X_i 表示第 i 个省份的农林生物质能源资源潜力（或农业生物质能源资源潜力或林木生物质能源资源潜力）；$X_i \leqslant y$ 为条件关系式，当 $X_i > y$ 时 $\theta(\cdot) = 0$，当 $X_i \leqslant y$ 时 $\theta(\cdot) = 1$。当核函数为均匀核时，核密度分布函数为：

$$f(x) = \frac{\left[F_n(x + h) - F_n(x - h) \right]}{2h} = \frac{1}{nh} \sum_{i=1}^{n} \eta_0 \left(\frac{x - X_i}{h} \right) \tag{4.2}$$

式中，$f(x)$ 表示核密度分布函数；$\eta(\cdot)$ 表示核函数；h 表示带宽。若将核函数放宽得到一般核密度分布函数形式：

$$f(x) = \frac{1}{nh} \sum_{i=1}^{n} \eta \left(\frac{x - X_i}{h} \right) \tag{4.3}$$

二、核密度估计结果分析

本书利用 Silverman 方法确定核密度函数的带宽，并选取较为常用的正态高斯核函数，同时选取 1993 年、1998 年、2003 年、2008 年和 2013 年 5 个年份进行估计来关注研究区域农林生物质能源资源潜力、农业生物质能源资源潜力和林木生物质能源资源潜力的收敛性及其变动趋势。

由图 4-1 可知，在 1993 年，中国农林生物质能源资源潜力的核密度估计曲线呈现出"三峰"分布的态势，其中中间主峰峰值最高，为第一主峰，其余两个主峰与第一主峰相比均较低。第一主峰所对应的农林生物质能源资源潜力主要集中在 700 万吨标准煤左右，而左侧主峰所对应的农林生物质能源资源潜力集中在 400 万吨标准煤左右，右侧主峰所对应的农林生物质能源资源潜力与第一主峰相比距离较远，主要集中在 2000 万吨标准煤左右。通过分析 1993 年中国各省份农林生物质能源资源潜力的统计数据可知，该年农林生物质能源资源潜力水平处于 1000 万吨标准煤以上水平的省份仅有 6 个，其中四川的农林生物质能源资源潜力水平最高，为 1990.36 万吨标准煤；其次依次为云南、河南、山东、黑龙江、湖南，其农林生物质能源资源潜力分别为 1362.98 万吨标准煤、1300.24 万吨标准煤、1274.98 万吨标准煤、1057.66 万吨标准煤、1018.58 万吨标准煤。从农林生物质能源资源潜力较少的省份来看，这些省份主要包括天津、上海、北京、宁夏、海南和青海，其农林生物质能源资源潜力均处于 300 万吨标准煤以下，具体资源量分别为 62.53 万吨标准煤、68.31 万吨标准煤、81.93 万吨标准煤、109.01 万吨标准煤、149.94 万吨标准煤和 224.19 万吨标准煤。除此之外，其他省份的农林生物质能源资源潜力均集中于 300 万 ~ 1000 万吨标准煤之间。由此可见，1993 年中国各省份的农林生物质能源资源潜力相对较低，只有个别省份的农林生物质能源资源潜力处于较高水平，绝大多数省份之间的差距不大，核密度估计图中的右侧主峰主要是由于四川、云南等省份的农林生物质能源资源潜力水平较高引起的，1993 年中国地区间农林生物质能源资源潜力在 700 万吨标准煤左右的水平收敛。

1998 年，中国农林生物质能源资源潜力水平的核密度估计曲线呈现出"多极化"分布的态势，其中左侧第二个峰值最高，为第一主峰，该主峰所对应的峰值为 800 万吨标准煤左右。其次，较低的主峰分布在第一主峰两侧，其所对应的核密度值差别不大，但左侧主峰所对应的农林生物质能源资源潜力水平为 400 万吨标准煤左右，右侧主峰所对应的值为 1200 万吨标准煤左右。与 1993 年的分布情况类似，在整个曲线的最右侧也出现一个较小的主峰，该主峰所对应的资源潜力为 2100 万吨标准煤左右。将 1998 年的曲线与 1993 年曲线相比较得知，所有主峰均发生明显的右移现象，尤其是第一主峰右移幅度较大，最右侧主峰仍然较为突出，分析发现仍然是四川省较高的农林生物质能源资源潜力水平引起的。因此，在 1998 年中国各省份的农林生物质能源资源潜力仍然普遍较低，但与 1993 年相比各省份之间的差距有所拉大，只有个别省份资源潜力处于较高水平。

2003 年，中国农林生物质能源资源潜力水平的核密度估计曲线与 1998 年相比变化较大，但各个省份的农林生物质能源资源潜力分布状况与 1993 年的分布状况较为类似。从整个曲线形态来看，2003 年的核密度估计曲线呈现出"双峰"分布态势。整个曲线呈现出两个主峰，左侧主峰最高，为第一主峰，所对应的农林生物质能源资源潜力与 1993 年较为类似，为 800 万吨标准煤左右。1998 年，在偏离第一主峰的右侧呈现出一个较小主峰，该主峰所对应的农林生物质能源资源潜力为 1800 万吨标准煤，其分布状况与 1993 年和 1998 年的分布类似。从图 4 - 1 中五年的曲线来看，2003 年的核密度估计曲线在五年之中所呈现的主峰较少，且第一主峰峰值较高，第二主峰峰值较低，即中国各个省份的农林生物质能源资源潜力分布呈现出区域聚集现象，且各个省份之间的分布差异在五个年份之中最小。

　　2008 年，中国农林生物质能源资源潜力的分布呈现出"三峰"分布趋势，从曲线的具体形状看，2008 年的曲线变动与 1998 年的曲线状态类似，第一主峰所对应的农林生物质能源资源潜力集中在 800 万吨标准煤左右，但是核密度值与 1998 年相比有所下降。在第一主峰的左右两侧存在两个主峰，左侧主峰对应值为 500 万吨标准煤左右，右侧主峰对应值为 1200 万吨标准煤左右。但与 1998 年的核密度估计曲线有所不同，2008 年曲线的右侧拖尾现象并不明显，右侧曲线下滑较为平缓，并且整个曲线的核密度值较低，因此可以说明，2008 年中国各区域农林生物质能源资源潜力的分布差异有所拉大，虽然资源潜力较为丰富的区域仍然存在，但是随着各个省份农林生物质能源资源潜力的增加，其资源潜力丰富区域与其他资源潜力中等省份的差异并不明显。

　　2013 年，中国农林生物质能源资源潜力的核密度估计曲线仍然呈现出"三峰"分布的态势，其中中间主峰仍然为第一主峰，其余两个主峰所对应的核密度值均较小。从左至右，三个主峰所对应的农林生物质能源资源潜力分别为 500 万吨标准煤、900 万吨标准煤和 1200 万吨标准煤。与 2008 年相比，整个曲线发生明显的右移现象，尤其是左侧两个主峰移动幅度较大，因此表明 2013 年中国各省份的农林生物质能源资源潜力有所增加，且整体水平有所提高。但与 2008 年曲线有所不同的是，该曲线右侧的主峰并不明显，但是右侧曲线更为平缓，这也表明农林生物质能源资源潜力较高的区域有所增加。

整体来看，1993～2013年，中国农林生物质能源资源潜力的核密度估计曲线明显发生逐步右移现象，尤其是第一主峰右移的程度较大，其余主峰也均发生小幅度右移现象，同时，第一主峰所对应的核密度值逐步降低，右尾拖尾现象日益消失。由此可知，中国农林生物质能源资源潜力随着时间的推移在不断提高，在开始之初只有部分省份的农林生物质能源资源潜力较高，之后随着其他省份资源潜力的增加，处于资源潜力较高水平区域内的省份开始逐步增多。

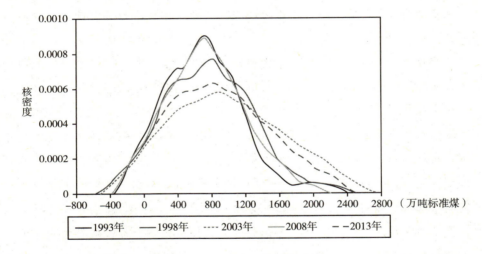

图4-1　中国农林生物质能源资源潜力的核密度估计

图4-2和图4-3反映了中国农业生物质能源资源潜力和中国林木生物质能源资源潜力的核密度估计曲线。从两图可以看出，两组曲线既有相同之处也有差异之处。

首先，两组核密度估计曲线均呈现出"多峰"分布的态势，但是主峰距离有所不同。从农业生物质能源资源潜力的核密度估计曲线来看，五条曲线均存在第一主峰和第二主峰，且这两个主峰峰值较高，其他主峰峰值较低。从第二主峰与第一主峰所对应的数值来看，两者的核密度值差异不大，同时第二主峰与第一主峰在资源潜力方面的差异也不大，因此可以说

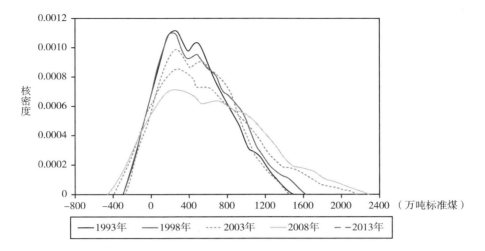

图4-2 中国农业生物质能源资源潜力的核密度估计

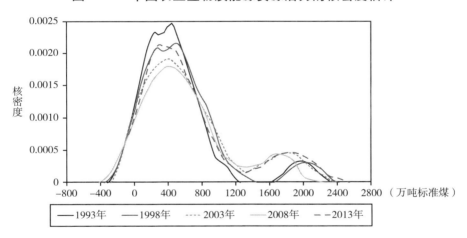

图4-3 中国林木生物质能源资源潜力的核密度估计

明，各省份的农业生物质能源资源潜力多集中于这两个主峰所对应的数值，但是处于这两个层次之间的所有省份中，各省份之间农业生物质能源资源潜力的差距并不大。从林木生物质能源资源潜力的核密度估计曲线来看，其分布也呈现"多峰"分布态势，并且第一主峰和第二主峰较为明显，其他主峰核密度值均较低。但与农业生物质能源资源潜力的核密度估计曲线相比，林木生物质能源核密度估计曲线的第一主峰和第二主峰之间的距离较大，且两主峰的核密度值差异也较大，并且第一主峰所对应的生物质能源资源潜力较低，因此可以表明，各省份的林木生物质能源资源潜力分布存在较大差异，且绝大部分省份的林木生物质能源资源潜力均处于较低水平层次上，只有少部分省份处于较高水平。

其次，随着时间的变化，两组生物质能源资源潜力的核密度估计曲线均发生向右移动的现象。从两组曲线图的不同时间段来看，无论是农业生物质能源资源潜力核密度估计曲线还是林木生物质能源资源潜力核密度估计曲线，从1993年至2013年，曲线的右移现象较为明显。略有不同的是，在2003年，农业生物质能源资源潜力核密度估计曲线略向左移动，但是移动幅度不大，这也是导致图4－1中整个农林生物质能源核密度估计曲线在2003年发生异常变动的主要起因，从具体原因来看，这主要是由于2003年中国农业支持政策调整对农业结构变化产生影响而造成的。

最后，随着时间的变化，两组曲线主峰的核密度值均逐步降低。从两组图形中可以看出，主峰降低的幅度较为明显，这表明各省份之间无论是农业生物质能源资源潜力还是林木生物质能源资源潜力其个体之间的差异在逐步拉大，尤其是农业生物质能源资源潜力的核密度估计曲线更为明显。从两组图形中还可以发现，农业生物质能源资源潜力核密度估计曲线中的右侧曲线随着时间的变化变得更为平缓，而林木生物质能源资源潜力核密度估计曲线右侧曲线基本保持原来水平，这说明长期以来，林木生物质能源资源潜力的增加主要来源于各省份资源潜力水平的普遍提高，而农业生物质能源资源潜力增加的来源除了各省份资源潜力普遍提高之外，部分省份的大幅提高也是省份之间存在差距的主要原因。

第三节　中国农林生物质能源资源潜力总体空间格局分析

一、全局空间自相关模型的构建

全局空间自相关主要是从中国整体空间角度对农林生物质能源资源潜

力的空间关联和空间差异特征进行分析。通常情况下全局空间关联特征用 G-Moran's I 指标来衡量，具体计算公式为：

$$G\text{-Moran's I} = \frac{\sum\limits_{i=1}^{n}\sum\limits_{j=1}^{n}\omega_{ij}(X_i - \bar{X})(X_j - \bar{X})}{S^2\sum\limits_{i=1}^{n}\sum\limits_{j=1}^{n}\omega_{ij}} \tag{4.4}$$

上式中，G-Moran's I 表示农林生物质能源资源潜力的全局空间自相关指标；n 表示本书所选取的 31 个省份；i 和 j 分别表示第 i 个和第 j 个省份；X_i 和 X_j 分别表示第 i 个和第 j 个省份的农林生物质能源资源潜力；$\bar{X} = \frac{1}{n}\sum\limits_{i=1}^{n}X_i$，表示 31 个省份农林生物质能源资源潜力的平均值；$S^2 = \frac{1}{n}\sum\limits_{i=1}^{n}(X_i - \bar{X})$，表示农林生物质能源资源潜力的方差；$\omega_{ij}$ 表示权重矩阵。G-Moran's I 指标的检验采用 Z 检验方法。通常情况下，G-Moran's I 的取值范围在 −1 和 1 之间，若 G-Moran's I 的取值越接近于 1，表示各个省份在农林生物质能源资源潜力方面的集聚性越显著；若 G-Moran's I 的取值趋近于 −1，表示趋异性越显著；若 G-Moran's I 等于零，表示各个省份之间相互独立，农林生物质能源资源潜力在空间上不相关；若大于零，表示正相关；若小于零，表示负相关。

二、总体空间格局分析

通过利用 1993 年、1998 年、2003 年、2008 年和 2013 年中国 31 个省份农林生物质能源资源潜力的测算数据，借助于式（4.4）进行计算后发现，在研究期间内，所有年份的 G-Moran's I 的 Z 值均大于 1.96（即 p 值小于 0.05），G-Moran's I 的显著性较强（见表 4−1）。同时通过计算发现，所有的 G-Moran's I 值均为正数，即表现出总体空间正相关，这说明长期以来中国的农林生物质能源资源潜力一直处于空间集聚状态，即农林生物质能源资源潜力较高的省份在地理空间上集中在某一区域，而农林生物质能源资源潜力较低的省份集中在另一区域。整体来看，中国农林生物质能源资源潜力的总体空间分布演化呈现出集聚性先减弱后增强的变化趋势，从 1993 年至 2008 年中国农林生物质能源资源潜力的 G-Moran's I 值由 0.430 降低到 0.234，该段时间内农林生物质能源资源潜力总体空间集聚效应在逐步减弱，而 2008~2013 年 G-Moran's I 值增大，农林生物质能源资源潜力在整体空间上的空间集聚效应加强。

表 4-1　中国农林生物质能源资源潜力的全局空间自相关统计结果

年份	G-Moran's I 值	Z 值	p 值
1993	0.430	3.885	0.001
1998	0.415	4.513	0.001
2003	0.314	4.298	0.003
2008	0.234	2.440	0.001
2013	0.340	3.749	0.002

70

第四节　中国农林生物质能源资源潜力局部空间格局分析

一、局部空间自相关模型的构建

局部空间自相关主要用于对不同省份农林生物质能源资源潜力与其他周边省份之间的空间关联程度和空间差异程度进行研究，在此采用 L-Moran's I 指标来衡量，具体计算公式为：

$$\text{L-Moran's I} = \frac{X_i - \bar{X}}{S^2} \sum_{j=1, j \neq i}^{n} \omega_{ij}(X_j - \bar{X}) \tag{4.5}$$

上式中，L-Moran's I 表示农林生物质能源资源潜力的局部空间自相关指标，其他字母的含义与 G-Moran's I 指标计算公式中的定义相同，局部空间自相关分析也采用 Z 检验方法进行统计检验。通过局部空间自相关得到中国农林生物质能源资源潜力的四种类型分布区域：扩散效应区（High-

High，HH），表示农林生物质能源资源潜力高值集聚的区域；低速增长区（Low-Low，LL），表示农林生物质能源资源潜力低值集聚的区域；过渡区（Low-High，LH），表示农林生物质能源资源潜力较低的省份被较高的省份所包围的区域；极化效应区（High-Low，HL），表示农林生物质能源资源潜力较高的省份被较低的省份所包围的区域。四个区域中扩散效应区和低速增长区呈现出正空间区域相关，被称为空间集聚；过渡区和极化效应区表现负空间区域相关，被称为空间离群。

二、局部空间格局分析

在此，运用 GeoDa 软件得到中国农林生物质能源资源潜力的 Moran 散点图，并利用 ArcGIS 软件进行空间可视化处理，以此得到中国农林生物质能源资源潜力的空间散点分布。

1993 年中国农林生物质能源资源潜力的扩散效应区，即农林生物质能源资源高值集聚的区域主要包括 9 个省份，分别为四川、云南、广西、广东、江西、湖北、湖南、河北和黑龙江，在研究的 31 个省份中所占的比例达到 29.03%，这几个省份绝大多数均处于中国的南方地区，且在地理位置上紧密相连。到 1998 年，扩散效应区内所包含的省份减少为 7 个，广东和河北从该区域中退出进入极化效应区。2003 年中国的农林生物质能源资源潜力扩散效应区的个数没有发生明显的变化，但是空间分布发生了明显的变化，黑龙江和江西从该区域中退出转入到其他区域之中，内蒙古、新疆和西藏三个省份进入扩散效应区。由此可知，从 1993 年至 2003 年中国农林生物质能源资源潜力的空间分布集聚状态逐步向西部转移。到 2008 年湖北和湖南两个省份从扩散效应区中退出进入到极化效应区，其他省份的农林生物质能源资源潜力空间集聚效应未发生变化，2003～2008 年的空间集聚状态相对较为稳定。2013 年河北替代新疆重新回到极化效应区，使得极化效应区的个数仍然保持为 6 个，从而形成了当前的农林生物质能源资源潜力的高值区域空间集聚状态，即中国农林生物质能源资源潜力较高的区域主要集中于中国的两个位置，分别为以云南、四川和广西为首的西南区域和以内蒙古、河北为主的北方区域，且西南地区的云南、四川和广西三省始终处于扩散效应区，较为稳定，其他高值省份均围绕其变化，在这两个区域中西南区域为农林生物质能源资源潜力高值省份的主要集中区域。

1993年、1998年、2003年、2008年和2013年中国农林生物质能源资源潜力的低速增长区域内所包含的省份个数分别为7个、12个、12个、10个和13个，在四个区域类型中所占的比重最高，分别为22.58%、38.71%、38.71%、32.26%和41.94%，由此可见，中国农林生物质能源资源潜力水平在整体上处于较低水平。具体来看，低速增长区在不同的时间所包含的省份有所不同。在1993年，该区域主要包括宁夏、新疆、重庆、北京、天津、上海和海南等7个省份，这些省份分布较为分散，未形成大面积的低值集聚区域。1998年，整个低速增长区发生了明显的变化，以上7个省份未发生任何空间跃迁现象，在此基础上，其他生物质能源资源潜力较低的省份围绕这些省份分布开来，并呈现出大规模的低值空间集聚现象。在西北地区，在已有新疆和宁夏两个省份的基础上增加了青海和甘肃两个省份；在西南地区，在已有重庆的基础上增加了贵州省；在北方地区，围绕着北京和天津增加了辽宁和山西两个省份。由此可见，整个低速增长区在原有省份的基础上逐步扩大，使得农林生物质能源资源潜力低值集聚区域的空间集聚现象更为明显。到2003年，低速增长区的空间位置变化主要表现在两个方面：一是在西北地区，新疆和青海两个省份从低速增长区退出转入到其他类型的分布区域中；二是在东南地区，江西和浙江进入该区域从而在东南地区形成了农林生物质能源资源潜力的低值集聚区域。到2008年，整个低速增长区内的省份个数减少为10个，空间位置略有变动，如西南地区的重庆和贵州进入到过渡区，东南地区原有的江西和浙江也跃迁到过渡区内，福建则进入到低速增长区中。2013年，整个低速增长区的空间分布状况较为明显，整体上看主要分布在四个位置，即西北地区的青海、甘肃、宁夏和陕西四个省份，西南地区的重庆和贵州两个省份，南部沿海地区的浙江、福建、广东和海南四个省份以及北方的北京和天津两个直辖市。从1993~2013年的整体变动情况来看，低速增长区的区域变动呈现出空间集聚现象越来越明显的趋势。

1993 年，位于过渡区内的省份主要有西藏、青海、甘肃、陕西、山西、辽宁、贵州、浙江和福建共 9 个省份，从位置分布来看，整个区域位置的空间分布较为集中。到 1998 年整个过渡区内的省份减少到 4 个，只有西藏、陕西、浙江和福建保持在原来分布区域中未发生任何改变，其他省份均跃迁到其他区域之中。到 2003 年农林生物质能源资源潜力过渡区内的省份仅有青海、陕西和福建 3 个省份。2008 年数量略有增加，同时区域内的省份也发生了明显的变化，分别为山西、重庆、贵州、浙江、江西和广东。到 2013 年又减少为 3 个，分别为辽宁、山西和江西。整体来看，中国农林生物质能源资源潜力过渡区的分布特征与低速增长区的分布特征相反，呈现出由集中向分散的分布现象。

从中国农林生物质能源资源潜力极化效应区的空间区域分布来看，1993 年处于该区域内的省份主要有吉林、内蒙古、山东、河南、安徽和江苏，整体来看主要分布在中国的北方区域。到 1998 年在原有省份的基础上增加了河北和广东两省，2003 年黑龙江替代内蒙古进入该区域，该区域内的省份个数仍然为 8 个。到 2008 年，该区域内的省份也发生了小规模的变化，主要表现为广东从这其中退出，而湖北和湖南两个省份由扩散效应区进入到该区域之中。最终在 2013 年，在 2008 年空间分布的基础上新疆进入该区域而形成了当前的极化效应区空间分布格局。从整体来看，从 1993 年至 2013 年，极化效应区的省份个数较为稳定，基本保持在 8 个省份左右，从空间分布来看，极化效应区主要分布在中国的北方和中南区域，整个空间集聚状态较为明显。

以上中国农林生物质能源资源潜力的区域空间格局演化表明，中国农林生物质能源资源潜力逐步呈现出空间二元分布结构，即农林生物质能源资源潜力高值省份的集聚现象和低值省份的集聚现象越来越明显。从 1993 年到 2013 年，高值集聚区域逐步向西南的云南、四川和广西三省集聚及北方的河北和内蒙古集聚，低值集聚区域的变化更为明显，由原先的分散状态逐步向西北地区及南部沿海地区集聚，过渡区内的省份呈现出由集中到分散的分布状态，极化效应区主要分布在中国的北方和中南区域，整个空间集聚状态较为明显。

第五节　中国农林生物质能源资源潜力局部空间演变特征分析

在此，本节继续运用时空跃迁测度法（Space-time Transitions Analysis）对中国农林生物质能源资源潜力的局部空间变动特征进行分析。时空跃迁主要将 Local Moran's I 分为四种类型。第一类型跃迁主要是指某一省份的农林生物质能源资源潜力由高值区域向低值区域跃迁或低值区域向高值区域跃迁，但是其周边邻近省份未大规模发生该现象，该类型主要包括 $HH_t \rightarrow LH_{t+1}$、$HL_t \rightarrow LL_{t+1}$、$LH_t \rightarrow HH_{t+1}$、$LL_t \rightarrow HL_{t+1}$；第二类型主要是指某一省份的农林生物质能源资源潜力由高值区域向高值区域跃迁或低值区域向低值区域跃迁，并且其周边邻近省份也发生该现象，该类型主要包括 $HH_t \rightarrow HL_{t+1}$、$HL_t \rightarrow HH_{t+1}$、$LH_t \rightarrow LL_{t+1}$、$LL_t \rightarrow LH_{t+1}$；第三类型主要是指某一省份及其周边省份的农林生物质能源资源潜力发生由高值区域向低值区域跃迁或低值区域向高值区域跃迁的现象，该类型主要包括 $HH_t \rightarrow LL_{t+1}$、$HL_t \rightarrow LH_{t+1}$、$LL_t \rightarrow HH_{t+1}$、$LH_t \rightarrow HL_{t+1}$；第四类型主要是指某一省域的农林生物质能源资源潜力保持相同水平的情况，主要包括 $HH_t \rightarrow HH_{t+1}$、$HL_t \rightarrow HL_{t+1}$、$LH_t \rightarrow LH_{t+1}$、$LL_t \rightarrow LL_{t+1}$。

表 4-2 列出了 31 个区域农林生物质能源资源潜力 1993～1998 年、1998～2003 年、2003～2008 年和 2008～2013 年的跃迁结果。从表中可以看出，在四次跃迁中绝大部分省份均处于第四类型区域之中，在四次跃迁中处于第四类型省份的比例分别为 77.42%、77.42%、64.52% 和 77.42%，而第四类型主要是指某一省域的农林生物质能源资源潜力保持相同水平的情况。由此可见，绝大部分省份的农林生物质能源资源潜力在时空跃迁中均表现出较为稳定的分布特征。同时，在第四种类型之中，高值集聚省份的跃迁和低值集聚省份的跃迁所占的比重最高，因此可以说明，在这一时段的时空跃迁中，绝大多数省份均表现出农林生物质能源资源潜力空间格局变动的"锁定"特征。除了第四类型区域之外，其他省份

基本位于第二类型区域之中，即这部分省份的农林生物质能源资源潜力在向高值区域或低值区域跃迁的过程中，其周围省份也发生一定的变动，处于第二类型区域的省份在四次跃迁中所占的比例分别为 22.58%、12.90%、32.26% 和 22.58%。除了以上两种类型之外，也有少部分省份在跃迁过程中处于第一类型或第三类型之中，如在 1998 年向 2003 年的跃迁过程中西藏处于第一类型之中，江西和新疆处于第三类型之中，在 2003 年向 2008 年跃迁过程中广东处于第三类型之中。

表 4 - 2　　　　　　　　时空跃迁测度法分析结果

跃迁过程		1993 年→1998 年	1998 年→2003 年	2003 年→2008 年	2008 年→2013 年
第一类型	$HH_t \rightarrow LH_{t+1}$	—	—	—	—
	$LH_t \rightarrow HH_{t+1}$	—	西藏	—	—
	$LL_t \rightarrow HL_{t+1}$	—	—	—	—
	$HL_t \rightarrow LL_{t+1}$	—	—	—	—
第二类型	$HH_t \rightarrow HL_{t+1}$	河北、广东	黑龙江	湖北、湖南	新疆
	$LH_t \rightarrow LL_{t+1}$	辽宁、甘肃、山西、贵州、青海	浙江	青海、陕西、福建	贵州、浙江、广东、重庆
	$LL_t \rightarrow LH_{t+1}$	—	青海	山西、重庆、贵州、浙江、江西	辽宁
	$HL_t \rightarrow HH_{t+1}$	—	内蒙古	—	河北
第三类型	$HH_t \rightarrow LL_{t+1}$	—	江西	—	—
	$LH_t \rightarrow HL_{t+1}$	—	—	—	—
	$LL_t \rightarrow HH_{t+1}$	—	新疆	—	—
	$HL_t \rightarrow LH_{t+1}$	—	—	广东	—
第四类型	$HH_t \rightarrow HH_{t+1}$	四川、云南、江西、黑龙江、湖北、湖南、广西	四川、云南、湖北、湖南、广西	新疆、西藏、内蒙古、四川、云南、广西	西藏、四川、云南、广西、内蒙古
	$LH_t \rightarrow LH_{t+1}$	西藏、陕西、浙江、福建	陕西、福建	—	山西、江西
	$LL_t \rightarrow LL_{t+1}$	宁夏、北京、天津、上海、海南、新疆、重庆	甘肃、宁夏、山西、辽宁、北京、天津、上海、重庆、贵州、海南	辽宁、甘肃、宁夏、北京、天津、上海、海南	青海、甘肃、宁夏、陕西、北京、天津、上海、福建、海南
	$HL_t \rightarrow HL_{t+1}$	吉林、内蒙古、山东、河南、安徽、江苏	吉林、河北、河南、山东、江苏、安徽、广东	黑龙江、吉林、河北、河南、山东、江苏、安徽	黑龙江、吉林、山东、河南、安徽、江苏、湖北、湖南

从以上四次跃迁过程中可以得知，中国农林生物质能源资源潜力的变化呈现出两种特征，即大部分省份的农林生物质能源资源潜力表现出空间位置上的持续稳定变化现象，少部分省份农林生物质能源资源潜力在空间上表现出周边区域不稳定的特性。以上的研究分析进一步证明了局部空间分布特征演变中农林生物质能源资源潜力高值区域主要集中在四川、云南和广西及低值区域主要集中在宁夏、北京、天津、上海和海南的结论。

第六节　中国农林生物质能源资源潜力变化的原因分析

以上从中国农林生物质能源资源潜力的区域分布、趋势变化、总体空间格局、局部空间格局和局部空间演变特征对其进行了具体的分析和描述，并从中发现一定的规律。整体来看，中国农林生物质能源资源潜力的变化之所以呈现出以上的变化特征，主要原因有以下几个方面。

第一，中国的自然条件决定了中国农林生物质能源资源潜力的整体分布状态。从以上的研究分析中可知，无论是在研究时期的起始时间（1993年）还是终止时间（2013年），中国农林生物质能源资源潜力的分布主要集中在华北、华中以及西南地区。由于中国的气候资源、土地资源类型复杂多样，虽然地域较为辽阔，但是地区间的自然条件分布极不均衡，因此形成了独特的农林生态环境。由于农林生物质能源资源对农业和林业的依赖程度较强，并且其资源量的大小直接取决于农业和林业的发展程度，因此农林生态环境的不同也导致区域间的农林生物质能源资源潜力分布具有较大的差异。从中国的地势条件来看，共分为三个阶梯：第一阶梯主要为青藏高原及其周边区域，海拔高度基本在 4000 米以上，不利于农林作物的种植和生长；第二阶梯主要包括云贵高原、黄土高原以及和新疆和内蒙古地区，但由于气候条件的差异，黄土高原等区域同样很难利于农林作物的种植和生长；第三阶梯主要包括中东部的平原和丘陵区域，地理条件较为适宜农林作物的生长。总体来看，中国农林生物质能源资源潜力的区域分布与以上中国的地形状况紧密相关。除了以上地形地势因素之外，水系和气候的分布状况也直接影响到中国农林生物质能源资源潜力的分布状况。中国是河流和湖泊数量较多的国家，但是总体来看分布却极不均匀，从所测算的农林生物质能源资源潜力的区域分布来看，主要分布在长江流域和黄河流域等水量较为丰富的区域。除了水系分布存在极大的差异之外，气候分布的差异也致使中国农林生物质能源资源潜力的区域分布产生较大的差异。当平均气温达到 10℃ 以上时大多数农作物才能进行生长（毕于运，2010），由此根据积温期的不同中国总共划为五个温度带和青藏高原区，而不同温度带之间存在较大的差异，其中较为适合农作物生长的区域主要集中于中国的中部和东部地区，西南地区较为适合林木的生长，因此总体来看水系和气候的分布也直接影响到农林生物质能源资源潜力的区域分布状况。

第二，中国农业政策的变动也对生物质能源资源潜力的区域分布状况及变动具有较大的影响作用。在 20 世纪 90 年代之前，中国的农业生产结构较为单一（高文永，2010），整体来看，农业生产的核心是以粮食产量的增长为主要目标，整个农业生产主要以高产作物的生产为主，农业生产结构较为单一。通过分析历年《中国农业统计年鉴》的统计数据可知，在该时期中国的农作物种植主要集中于粮食作物中的稻谷、小麦和玉米，并且其他农作物的种植面积相对较小，因此在研究时间段的前期中国农业生物质能源资源潜力的数量有所增长，但是在农业生物质能源资源潜力构成方面基本比较单一，除了稻谷、小麦、玉米三类作物的农作物秸秆资源生物质能源资源潜力有所增长之外，其他类型生物质能源资源潜力的增长幅度较小。由于在 20 世纪 90 年代后期，中国的农业生产结构矛盾日益突出，中国开始实施农业结构的战略性调整，并于1998 年全面实施农业结构调整（毕于运，2010），农业经营逐步由粗放型向集约型转变，同时在农业品种结构、品质结构、生产部门结构等方面均作出调整，农业生产由"农业—种植业—粮食"单一生产结构逐步向农产品品种渐进式方向改革，市场调节逐步在农业生产结构调整中起到推动作用，由此改变过去粮食品种单一的生产结构。因此不同类型农作物的种植面积和产量均有所提高，从根本上影响到农业生物质能源资源潜力的数量变化。

第三，除了农业政策的实施对中国农业生物质能源资源潜力的区域分布及其变化产生影响之外，林业政策的实施也产生了较大的影响。如1998年中国开始在长江上游、黄河中上游等12个省份开始试点实施天然林资源保护工程，并于2000年在全国17个省份进行推广实施，全面停止了长江上游和黄河中上游地区的天然林商品性采伐，该工程的实施使得这部分地区的木材产量大幅减少。而林木生物质能源资源中有较大一部分来自林业生产剩余物等资源，因此该工程的实施会对进一步加深林木生物质能源资源潜力区域分布的二元结构特征。2008年，《中共中央关于推进农村改革发展若干重大问题的决定》中提出进一步延长天然林资源保护工程的实施期限，因此该工程的实施会对中国林木生物质能源资源潜力的区域分布进一步产生影响。除了以上生态工程建设之外，其他政策的实施也会在一定程度上对资源潜力分布状况产生影响。如2008年中国全面开始实施林权制度改革政策，极大地激发了农民参与林业生产的积极性，但同时，由于林业受自然条件等因素的限制性较大，在森林资源匮乏区域仍然无法开展相应的林业生产活动，而自然条件有利的地区的农民参与林业生产的积极性更强，因此也会在一定程度上加大中国林木生物质能源资源潜力分布的二元分布结构特征。

根据以上的分析结果，结合第三章的计算数据和本章的空间分布研究结果来看，中国农林生物质能源资源潜力的变化较为稳定，虽然在个别时间段呈现出一定的波动状态，但是总体来看变动幅度不大，无论是在农林生物质能源资源潜力较高的区域还是在潜力较低的区域，整体上一直呈现出较为稳定的空间二元结构特征。从长远来看，2013年之后中国农林生物质能源资源潜力仍然保持较为稳定的增长趋势，但是与2013年相比资源潜力增长幅度不会太大，整体上呈现出较为缓慢的增长速度。同时，在空间分布方面，各省份在资源潜力方面仍然呈现出地区差异持续增加的态势，其中农业生物质能源资源潜力较高的区域仍然主要集中在山东和河南及其周边省份，林木生物质能源资源潜力较高的区域仍然主要集中在中国的西南地区以及东北等地区。

第七节　本章小结

　　本章首先对中国农林生物质能源资源潜力的区域分布进行了描述性分析，其次运用核密度模型和全局空间自相关分析方法对中国农林生物质能源资源潜力的变动趋势和总体空间格局变化进行了分析，最后运用局部空间自相关分析方法和时空跃迁测度法对局部空间格局及演变特征进行了分析。通过分析发现，在农林生物质能源资源潜力分布方面，历年分布表现出以下三个特征：第一，中国农林生物质能源资源潜力除了 1998～2003 年的区域分布发生明显的变化之外，其他时间段各省份的位置较为稳定；第二，发生位置变动的省份主要是向农林生物质能源资源潜力更高层次的位置变动；第三，处于农林生物质能源资源潜力较高层次位置的省份主要集中在西南地区和东北地区等森林资源较为丰富的区域以及华北地区等农业资源较为丰富的区域，农林生物质能源资源潜力较低的省份主要集中在西部地区资源较为匮乏的区域。从中国农林生物质能源资源的数量整体变化来看，中国农林生物质能源资源潜力随着时间的推移在不断提高，在开始之初只有部分省份的农林生物质能源资源潜力较高，之后随着其他省份资源潜力的增加，处于资源潜力较高水平区域内的省份开始逐步增多。从中国农林生物质能源资源的总体空间格局来看，总体上各个区域表现出总体空间正相关，长期以来中国的农林生物质能源资源潜力一直处于空间集聚状态，即农林生物质能源资源潜力较高的省份在地理空间上集中在某一区域，而农林生物质能源资源潜力较低的省份集中在另一区域。整体来看，中国农林生物质能源资源潜力的总体空间分布演化呈现出集聚性先减弱后增强的变化趋势。从中国农林生物质能源资源的局部空间格局来看，农林生物质能源资源潜力逐步呈现出空间二元分布结构，即农林生物质能源资源潜力高值集聚区域和低值集聚区域各自聚集的现象越来越明显。从中国农林生物质能源资源潜力的区域空间变动来看，中国农林生物质能源资源潜力的变化呈现出两种特征，即大部分省份的农林生物质能源资源潜力表现出空间位置上的持续稳定变化现象，少部分省份农林生物质能源资源潜力在空间上表现出周边区域不稳定的特性。

第五章

中国农林生物质能源资源潜力
与碳排放的耦合关系

　　与中国农林生物质能源资源的分布特征类似，中国环境的变化也易受到自然因素和人文因素的影响。如部分地区的煤炭存量较高，煤炭开采和利用程度相对其他区域也较高，因此会导致该区域的环境状况较差；中国东部沿海地区相对中西部地区而言经济较为发达，但同时对传统能源的消耗也较大，高消耗也意味着二氧化碳等温室气体的排放量较高。而农林生物质能源是绿色植物通过光合作用将光能转化为化学能储存在生物质中，在能源作物的生长过程中能够吸收大量的二氧化碳，将大气中的二氧化碳转化成有机物储存在农林生物质中。由此可见，农林生物质能源对低碳减排具有重要的积极作用。中国地区的碳排放和中国农林生物质能源的资源分布潜力具有相同的特征，即二者均存在较强的区域性特征，因此研究两者之间的区域分布耦合关系，判断农林生物质能源资源潜力程度不同区域的碳排放和碳减排情况，通过分析中国环境状况的分布特征判断中国农林生物质能源资源潜力的分布状况与环境状况的耦合特征，可以从整体区域和局部区域有效地判断中国农林生物质能源资源对未来环境改善的有效性。由此可见，农林生物质能源资源对二氧化碳的减排具有重要的积极作用。

　　农林生物质能源资源潜力与二氧化碳的耦合动力主要来自农林生物质能源资源利用所具有的二氧化碳减排潜力。传统能源利用往往会造成大量的二氧化碳排放，虽然农林生物质能源在利用过程中也会排放二氧化碳，但是从农林生物质能源资源的原材料培育过程来看，农林作物在生长过程中会吸收大量的二氧化碳，基本可以实现二氧化碳排放和吸收的平衡，因此从长远来看，农林生物质能源资源的潜在利用与二氧化碳减排具有较强的耦合性。农林生物质能源资源潜力与二氧化碳的耦合机制主要来自二者空间分布的协调性关系。二氧化碳的排放主要来自传统能源的利用，其分布范围往往依赖于经济的发达程度，通常情况下经济程度越发达的区域，其二氧化碳排放程度越高。而农林生物质能源资源潜力的分布则有所不同，农林生物质能源资源主要依赖于农林作物的分布状况，因此其具有自身的分布状态与规律。但是基于农林生物质能源资源所具有的较强的二氧化碳减排作用，两者在空间分布上的协调性和吻合性成为两者能否具有耦合关系的重要评价因素。农林生物质能源资源潜力与二氧化碳的耦合方式主要表现在整体区域空间耦合和局部区域空间耦合两个方面。整体区域空间耦合主要将研究的所有省份作为一个整体，从宏观上把握两者之间在重心位置、重心移动距离和重心移动方向等多个方面的变化程度；局部区域空间耦合主要从单个省份的角度判别两者之间是否具有耦合程度，即主要从省份所处空间区域类型的角度进行局部区域空间耦合性的判断。基于此，本章选取二氧化碳排放指标作为中国环境状况的代表性指标，在计算出中国省域二氧化碳排放量的基础上，对中国农林生物质能源资源与二氧化碳排放量之间的潜在关系进行研究。

第一节　中国省域二氧化碳排放量的计算

一、计算方法及数据来源

第四章的研究分析了中国 31 个省份农林生物质能源资源潜力的分布状况，由于西藏的能源消费状况尚未有明确统计，因此本章只选取除西藏之外的 30 个省份作为研究对象，进一步研究中国农林生物质能源资源潜力与二氧化碳排放量之间的空间耦合关系。在二氧化碳具体排放量方面，笔者通过对当前有关二氧化碳排放的文献进行整理后发现，二氧化碳排放量的数据来源主要由国际能源署和美国二氧化碳信息分析中心这两个研究机构根据联合国政府间气候变化专门委员会（Intergovernmental Panel on Climate Change，IPCC）2006 年提供的方法进行计算而得。由于本书的研究对象为中国省域二氧化碳的排放量情况，以上两个研究机构仅公布了中国历年整体的二氧化碳排放量，尚无各个省份的数据，因此本书根据 IPCC（2006）的方法对二氧化碳排放量进行测算。

本书运用以下公式来计算中国各省份历年二氧化碳的排放量：

$$CO_{2kt} = \sum_{i=1}^{8} E_{ikt} \times NCV_i \times CEF_i \times COF_i \times \frac{44}{12} \qquad (5.1)$$

$i = 1, 2, \cdots, 8; \quad k = 1, 2, \cdots, 30; \quad t = 1994, 1995, \cdots, 2012$

式中，CO_{2kt} 表示第 t 年第 k 个省份的二氧化碳排放量；i 表示第 i 种能源（本书选取原煤、焦炭、原油、汽油、煤油、柴油、燃料油、天然气 8 种能源）；E_{ikt} 表示第 t 年第 k 个省份第 i 种能源的消费总量；NCV_i 表示第 i 种能源的平均低位发热值；CEF_i 表示第 i 种能源的碳含量；COF_i 表示第 i 种能源的碳氧化因子；44 和 12 分别表示二氧化碳和碳的分子量。二氧化碳排放量计算中所用到的数据主要来自《中国能源统计年鉴》《中国统计年鉴》《2006 年 IPCC 国家温室气体清单指南》（2006 *IPCC Guidelines for National Greenhouse Gas Inventories*）等，并且以上年鉴均为统计上一年的数据。在二氧化碳具体计算方面，由于 1994 年之前的《中国能源统计年鉴》与之后的统计年鉴相比在方法上有一定的差异，因此为了保证指标的一致性，本研究运用 1995～2013 年的《中国能源统计年鉴》中的数据进行指数平滑，以此得到 1993 年的能源利用数据。由于 2014 年的《中国能源统计年鉴》尚未公布，因此笔者同样运用 1995～2013 年统计年鉴中的数据进行指数平滑得到 2013 年的能源利用数据。宁夏 2000 年、2001 年和 2002 年三年的 8 种能源统计年鉴没有数据，采用 1999 年和 2003 年的数据进行推算；海南 2002 年的 8 种能源统计年鉴没有数据，采用 2001 年和 2003 年的数据进行推算。

二、二氧化碳排放量计算结果分析

根据式（5.1），通过计算得到了中国 30 个省份 1993～2013 年的二氧化碳排放量，图 5 - 1 显示了该时间段二氧化碳排放量的变化趋势。从测算结果来看，30 个省份 1993～2013 年的二氧化碳排放量与中国农林生物质能源资源潜力的变化趋势相同，即随着时间的推移其绝对数量在不断增加。从 30 个省份的二氧化碳平均排放量来看，平均值为 52.5037 亿吨。具体来看，整个变化趋势可以分为两段，2001 年之前二氧化碳排放量基本保持在 30 亿吨，从 2001 年之后二氧化碳排放量快速增加，根据计算结果，可知 2001 年之后二氧化碳排放量平均每年以 9% 的速度增长。这说明近年来随着经济的不断发展，中国二氧化碳排放水平也随之呈现明显上升的趋势，同时也从侧面体现出中国在低碳减排方面面临着较大的挑战和压力。

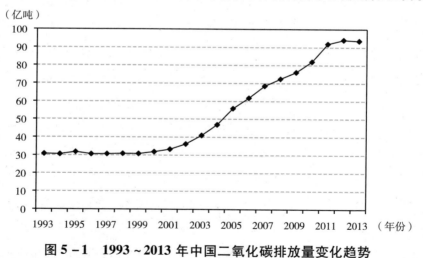

图 5 - 1　1993～2013 年中国二氧化碳排放量变化趋势

为了进一步研究中国各省份的二氧化碳排放情况，我们分别对 1993 年、1998 年、2003 年、2008 年和 2013 年二氧化碳排放量排名前五位和后五位的省份进行了统计（见表 5 - 1）。从表中可以看出，随着时间的变化，居于前五位的省份二氧化碳排放量的范围在不断提高，居于后五位的省份二氧化碳排放量的最大值也在逐步提高，这表明近年来中国二氧化碳排放总量的增加并不是因为少数省份的排放量增加引起的，各个省份二氧化碳排放量的整体增加是导致全国总量增加的主要原因。从具体的省份来看，二氧化碳排放量居于前五位的省份始终包括河北、江苏和山东，这三个省份主要位于中国的东部地区，且经济较为发达。除此之外，辽宁省在 1993 年和 1998 年也居于全国前五位，之后从前五位中退出。内蒙古和河南从 2008 年开始二氧化碳排放量居于前五位。从二氧化碳排放量排序的后五位省份来看，海南、青海和宁夏三个省份始终处于后五位的位置上，除此之外，在后五位出现的省份还包括陕西、福建、江西、重庆、广西、甘肃和北京等，除了少部分属于经济发达区之外，其他省份主要集中于中国的西部地区。

表 5 - 1　　　　部分年份二氧化碳排放量排名前五位和后五位的省份

年份	排序	范围（百万吨）	省份
1993	前五位	>176	河北、江苏、山东、辽宁、四川
	后五位	<44	海南、青海、宁夏、陕西、福建
1998	前五位	>166	河北、山东、江苏、辽宁、广东
	后五位	<52	海南、青海、宁夏、福建、江西
2003	前五位	>248	河北、山东、山西、江苏、广东
	后五位	<62	海南、青海、重庆、宁夏、广西
2008	前五位	>436	山东、河北、江苏、河南、内蒙古
	后五位	<111	海南、青海、宁夏、北京、甘肃
2013	前五位	>535	山东、内蒙古、河北、江苏、河南
	后五位	<143	海南、青海、北京、重庆、宁夏

图 5 - 2 进一步表明了中国 30 个省份在 1993 年、1998 年、2003 年、2008 年和 2013 年中国各省份二氧化碳排放量的整体分布情况。从图中可以看出，各省份的二氧化碳排放量存在一定的差距，尤其是二氧化碳排放量的最大值和最小值之间的差距较大。河北在 2003 年之前始终处于所有省份中的第一位，之后山东取代河北处于二氧化碳排放量最高的位置上。海南始终处于所有省份中的最后一位，青海始终处于倒数第二位。从其他省份二氧化碳排放量的位序上来看，绝大部分省份的位置波动性不大，只有少数省份存在较大的波动。从整体来看，中国各省份二氧化碳排放量的分

布特征与中国农林生物质能源资源的分布特征具有一定的相似之处。

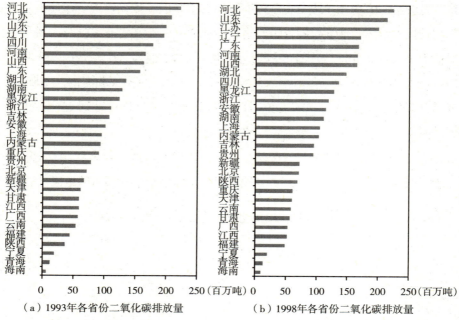

（a）1993年各省份二氧化碳排放量　　　　　（b）1998年各省份二氧化碳排放量

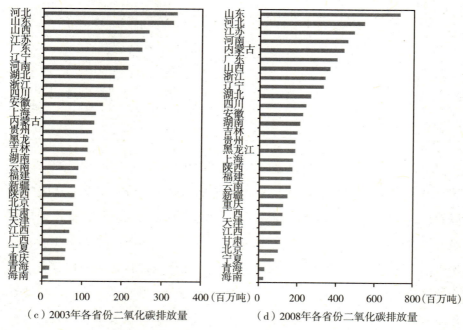

（c）2003年各省份二氧化碳排放量　　　　　（d）2008年各省份二氧化碳排放量

图5－2　不同时间段各省份二氧化碳排放量状况

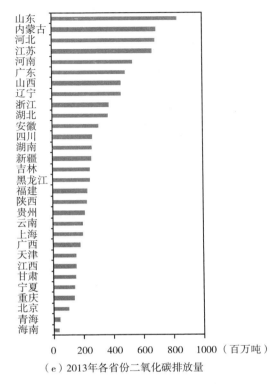

（e）2013年各省份二氧化碳排放量

图 5 - 2　不同时间段各省份二氧化碳排放量状况（续）

第二节　基于区域重心法的整体空间耦合关系

一、重心模型的构建

　　在物理学上，重心是指物体内各个点所受重力产生合力的作用点。在经济和环境研究领域中，重心是指某一区域空间中能够保持整个区域维持平衡的着力点，区域重心随着区域内部各部分重力的变化而变化，在一定程度上能够反映区域内部某一属性特征的均衡程度（乔方毅，2015）。本书首先运用以下重心模型来研究中国农林生物质能源资源潜力分布与二氧化碳排放量之间的整体空间耦合特征。

$$\begin{cases} X = \dfrac{\sum\limits_{i=1}^{30} m_i x_i}{\sum\limits_{i=1}^{30} m_i} \\[3ex] Y = \dfrac{\sum\limits_{i=1}^{30} m_i y_i}{\sum\limits_{i=1}^{30} m_i} \end{cases} \qquad (5.2)$$

式中，$(X，Y)$ 表示 30 个研究省份作为一个整体区域的经度和纬度坐标；i 表示整体区域中的某一具体省份；$(x_i，y_i)$ 表示整体区域内某一具体省份的经度和纬度坐标；m_i 表示第 i 个区域的属性特征，在本节中，具体为某一省份的农林生物质能源资源潜力、二氧化碳排放量等。

为了进一步研究农林生物质能源资源潜力与二氧化碳排放量之间的区域空间耦合关系，本书还运用重心偏移距离指标进行分析，具体计算公式如下所示：

$$D_{u,v} = c \times \sqrt{(X_u - X_v)^2 + (Y_u - Y_v)^2} \qquad (5.3)$$

式中，D 表示重心偏移距离；u 和 v 分别表示不同的年份；$(X_u，Y_u)$ 和 $(X_v，Y_v)$ 分别表示第 u 年和第 v 年具体属性的重心坐标，如农林生物质能源资源潜力重心坐标或二氧化碳排放量重心坐标；c 表示常数，表示由地球表面坐标单位（度）转化为平面距离（千米）的系数，通常取值为 111.111。

二、农林生物质能源资源潜力与碳排放的整体耦合关系

运用以上所述的计算方法，分别选取 m 为中国不同省份的农林生物质能源资源潜力、农业生物质能源资源潜力、林木生物质能源资源潜力和二氧化碳排放量的具体数值，得出 1993 年、1998 年、2003 年、2008 年和 2013 年的农林生物质能源资源潜力、农业生物质能源资源潜力、林木生物质能源资源潜力和二氧化碳排放量重心的地理坐标（见表 5-2），同时在

坐标系中进行绘制（见图 5-3 和图 5-4），并运用重心偏移具体计算公式计算出四者的移动变化距离（见表 5-2）。

表 5-2 　　　　　　　　重心移动变化轨迹

指标		1993 年	1998 年	2003 年	2008 年	2013 年
农林生物质能源资源	重心（经度，纬度）	(112.82, 32.98)	(112.64, 33.02)	(111.93, 32.97)	(111.96, 33.38)	(112.06, 33.71)
	五年移动距离（千米）		20.12	79.69	46.00	38.03
	所处行政区域	河南省南阳市宛城区	河南省南阳市宛城区	河南省南阳市邓州市	河南省南阳市内乡县	河南省洛阳市嵩县
二氧化碳排放量	重心（经度，纬度）	(114.41, 34.28)	(114.42, 34.23)	(114.33, 34.07)	(114.28, 34.18)	(114.09, 34.41)
	五年移动距离（千米）		5.28	21.32	13.81	33.22
	所处行政区域	河南省开封市尉氏县	河南省周口市扶沟县	河南省周口市扶沟县	河南省周口市扶沟县	河南省开封市尉氏县
农业生物质能源资源	重心（经度，纬度）	(113.96, 33.57)	(113.69, 33.65)	(113.28, 33.46)	(113.47, 33.90)	(113.59, 34.35)
	五年移动距离（千米）		31.08	51.01	53.79	51.46
	所处行政区域	河南省漯河市源汇区	河南省漯河市舞阳县	河南省平顶山市叶县	河南省许昌市襄城县	河南省郑州市新郑市
林木生物质能源资源	重心（经度，纬度）	(110.65, 31.85)	(110.61, 31.81)	(109.52, 32.10)	(109.05, 32.38)	(108.96, 32.42)
	五年移动距离（千米）		6.19	125.81	61.34	10.23
	所处行政区域	湖北省十堰市房县	湖北省神农架区	陕西省安康市镇平县	陕西省安康市平利县	陕西省安康市汉滨区

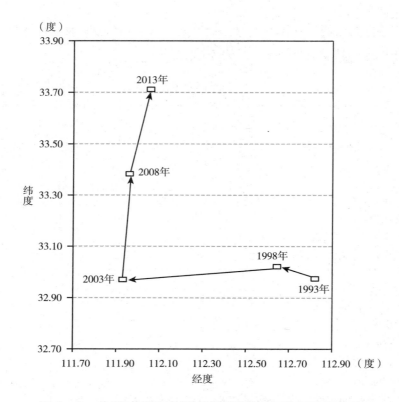

图 5 - 3　中国农林生物质能源资源潜力重心演变轨迹

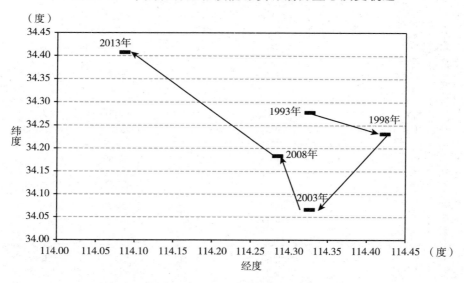

图 5 - 4　中国二氧化碳排放重心演变轨迹

从区域空间重心所处的位置来看，中国农林生物质能源资源潜力的区域空间重心和二氧化碳排放量的区域空间重心位置较为相近。中国农林生物质能源资源潜力的区域空间重心在1993年、1998年、2003年和2008年均位于河南省南阳市的地理范围之内，2013年重心落在河南省洛阳市。二氧化碳排放量的区域空间重心在1993年和2013年位于河南省开封市，在1998年、2003年和2008年均坐落于河南省周口市。虽然两个区域重心所处的行政区域位置有所不同，但是从距离来看却较为接近。在1993年、1998年、2003年、2008年和2013年，两个重心的直线距离分别为197千米、205.75千米、259.4千米、248.66千米和193.46千米，两者之间的直线距离最高仅为259.4千米，最短距离为193.46千米，从全国30个省份的地理位置来看，两个重心所处位置的距离较短。所以从区域空间重心所处的位置来看，充分说明中国农林生物质能源资源潜力和二氧化碳排放量两者之间在整体上具有较高的空间耦合关系。

　　从区域重心本身的移动距离来看，中国农林生物质能源资源潜力的区域空间重心和二氧化碳排放量的区域空间重心变化较为稳定。农林生物质能源资源潜力在五年内重心位置变化距离分别为20.12千米、79.69千米、46千米和38.03千米，最大重心偏移距离仅为1998~2003年时间段中的79.69千米。二氧化碳排放量的重心位置变化距离分别为5.28千米、21.32千米、13.81千米和33.22千米，其变化范围略小于农林生物质能源资源区域重心的变化范围。较短的区域空间重心偏移距离进一步说明了中国农林生物质能源资源潜力与二氧化碳排放量整体空间分布的稳定性，两个重心之间的距离本身较短，而长期内重心位置自身的变化不大，这也进一步证实了中国农林生物质能源资源潜力与二氧化碳排放量之间具有较好的空间耦合性。

　　从区域重心的变化方向来看，中国农林生物质能源资源潜力的区域空间重心和二氧化碳排放量的区域空间重心变化方向较为一致。从图中可以看出，除1993~1998年外，其他时间段中国农林生物质能源资源潜力区域空间重心的变化方向与二氧化碳排放量区域空间重心的变化方向基本一致。1993~1998年，中国农林生物质能源资源潜力的变化由原来位置向西北位置移动，二氧化碳排放量由原先位置向东南位置移动，两者方向相反。1998～2003 年，农林生物质能源资源潜力区域空间重心向西南方向变化，二氧化碳排放量的区域空间重心也向西南方向变化。2003～2008 年，农林生物质能源资源潜力区域空间重心向北移动，二氧化碳排放量区域空间重心也向北移动。2008～2013 年，农林生物质能源资源潜力区域空间重心向北移动，但略偏于东北位置，二氧化碳排放量的区域空间重心也向北移动，但略偏于西北位置。由此可见，两者区域空间重心移动的一致性也进一步说明了中国农林生物质能源资源潜力和二氧化碳排放量两者之间良好的空间耦合性。

三、农业生物质能源资源潜力与碳排放的整体耦合关系

为了进一步研究不同类型生物质能源资源潜力与二氧化碳排放量的空间耦合关系，本小节分别对中国农业生物质能源资源潜力、林木生物质能源资源潜力与二氧化碳排放量之间的区域空间重心关系进行了研究。首先从中国农业生物质能源资源潜力与二氧化碳排放量的区域空间重心来看，两者在区域空间重心所处的位置与整个农林生物质能源资源潜力与二氧化碳区域空间重心距离相比更为接近。1993 年、1998 年、2003 年、2008 年和 2013 年两个区域空间重心之间的距离分别为 91.27 千米，113.66 千米、118.35 千米、78.52 千米和 45.92 千米，而农林生物质能源资源潜力重心与二氧化碳排放量重心之间的距离分别为 197 千米、205.75 千米、259.4 千米、248.66 千米和 193.46 千米，因此可以充分说明，中国农业生物质能源资源潜力与二氧化碳排放量在区域空间重心方面具有更好的耦合性。从 1993 年至 2013 年，中国农业生物质能源资源潜力的区域空间重心移动距离分别为 31.08 千米、51.01 千米、53.79 千米和 51.46 千米，整个过程未出现较大幅度的波动，整体变动情况较为稳定，因此从重心偏移距离来看两者之间的空间耦合性较强。在区域空间重心变化方向方面，中国农业生物质能源资源潜力与二氧化碳排放量的变动方向也较为一致，仅 1993 年向 1998 年变化过程中变化方向相反，其他时间段两者变化基本吻合。如

图 5 – 5 所示, 1998 ~ 2013 年的时间段中, 中国农业生物质能源资源潜力区域空间重心位置分别为向西南和向北变动, 二氧化碳排放量区域空间重心的变动也是向此方向变化, 仅是两者在最后两个时间段中农业生物质能源资源潜力区域空间重心略向东移动, 二氧化碳排放量区域空间重心略向西移动, 但是两者经度变化范围均不大。因此以上也可以充分说明, 中国农业生物质能源资源潜力与二氧化碳排放量在重心变化方向方面具有较好的空间耦合性。

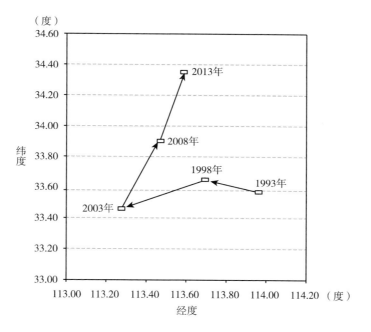

图 5 – 5 中国农业生物质能源资源潜力重心演变轨迹

四、林木生物质能源资源潜力与碳排放的整体耦合关系

从中国林木生物质能源资源潜力与二氧化碳排放量的区域空间重心位置来看, 两者的距离与农业生物质能源资源潜力和二氧化碳排放量区域空间重心位置距离相比较远, 1993 ~ 2013 年, 两者的区域空间重心距离分别为 408.74 千米、410.49 千米、515.05 千米、529.49 千米

和 506.43 千米。虽然两者距离较远，但是从两者距离的变化范围来看，基本维持在 408～507 千米这个范围之内，两者区域空间重心的相对位置较为稳定。这在一定程度上也保证了两者之间较为稳定的空间耦合特征。从区域空间重心自身位置的变化来看（见图 5－6），中国林木生物质能源资源潜力的重心位置波动性较大，1993～2013 年分别为 6.19 千米、125.81 千米、61.34 千米和 10.23 千米，尤其是从 2003 年向 2008 年的变化过程中其区域空间重心的移动位置较大，这也是导致该时间段内林木生物质能源资源潜力与二氧化碳排放量之间重心距离较大的主要原因。从区域重心的变化方向来看，与农业生物质能源资源潜力的区域空间变化方向略有不同，林木生物质能源资源潜力与二氧化碳排放量区域空间重心变化在 1998 年向 2003 年的变化过程相反，其他时间段的变化方向均一致，即 1993～1998 年向南部位置移动，2003～2008 年向西北位置移动，2008～2013 年继续向西北位置移动。由此可见，林木生物质能源资源潜力与二氧化碳排放量的空间耦合性更主要的表现在空间移动方向方面。

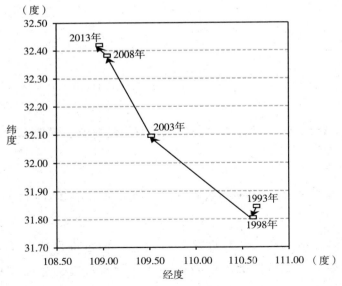

图 5－6　中国林木生物质能源资源潜力重心演变轨迹

第三节 基于热点分析的区域空间耦合关系

区域重心可以从整体上体现出中国农林生物质能源资源状况与二氧化碳排放量之间的耦合程度，但是无法确切表明区域内部各个单元之间的空间耦合关系，因此，为了进一步研究不同省份内部农林生物质能源资源潜力与二氧化碳排放量之间的空间耦合特征，本节运用热点分析做进一步分析。

一、中国农林生物质能源资源潜力与碳排放的空间热点分析

（一）中国农林生物质能源资源潜力区域分布的空间热点分析

1. 计算方法

热点分析主要用来分析中国区域空间内农林生物质能源资源潜力、农业生物质能源资源潜力和林木生物质能源资源潜力的热点区域和冷点区域的空间分布格局，本书采用 Getis – Ord G_i^* 指标来衡量，具体计算公式为：

$$G_i^*(d) = \frac{\sum\limits_{j}^{n} \omega_{ij}(d) X_j}{\sum\limits_{j}^{n} X_j} \tag{5.4}$$

对 $G_i^*(d)$ 进行标准化处理后得到标准形式：

$$Z(G_i^*) = \frac{G_i^* - E(G_i^*)}{\sqrt{\mathrm{var}(G_i^*)}} \tag{5.5}$$

以上两式中，$E(G_i^*)$ 表示 G_i^* 的期望值，$\mathrm{var}(G_i^*)$ 表示 G_i^* 的方差，ω_{ij} 表示权重矩阵。若 $Z(G_i^*)$ 为正且显著，说明省份 i 周围区域的农林生物质能源资源潜力、农业生物质能源资源潜力和林木生物质能源资源潜力

较高，即处于热点区域，若 $Z(G_i^*)$ 为负且显著，说明省份 i 周围区域的农林生物质能源资源潜力、农业生物质能源资源潜力和林木生物质能源资源潜力较低，即处于冷点区域。

2. 中国农林生物质能源资源潜力的空间热点分析

利用 Getis - Ord G_i^* 计算公式，运用 ArcGIS 软件分别计算出 1993 年、1998 年、2003 年、2008 年和 2013 年中国各个地区农林生物质能源资源潜力、农业生物质能源资源潜力和林木生物质能源资源潜力的局部 Getis - Ord G_i^* 统计量，最终根据计算的 Z 值结果，采用自然断裂法对其进行分类，共分为四类，按照数值的高低分别形成热点区域、次热区域、次冷区域和冷点区域。

通过计算得出，1993 年中国农林生物质能源资源潜力的热点区域主要分布在 4 个省份，即山东、河南、四川和云南。而次热区域主要包括内蒙古、黑龙江、吉林、河北、江苏、安徽、湖北、湖南、江西、广西和广东，共计 11 个省份，从地理位置来看，以上省份主要集中在中国的中部和东部地区。1993 年，次冷区域内的省份主要包括新疆、甘肃、陕西、山西、辽宁、重庆、贵州、浙江和福建，省份多数为西部地区省份，并且较为集中。冷点区域所包含的省份个数较少，且地理位置较为分散，主要包括青海、宁夏、北京、天津、上海和海南 6 个省份。整体来看，1993 年中国农林生物质能源资源潜力的四种类型热点区域分布较为集中，且资源潜力较高的区域主要集中在中国的东部和中部地区，资源潜力较低的区域主要集中在西部地区。从农业生物质能源资源潜力和林木生物质能源资源潜力的空间热点分布来看，两者的空间热点分布状态有所不同。农业生物质能源资源潜力的热点区域主要集中在中国的山东和河南等农业生产大省，并且也包括西部地区的四川，而林木生物质能源资源潜力的热点区域主要集中在中国西南地区的云南和贵州两省。从冷点区域分布来看，两者的重合区域较多，宁夏、北京、天津、上海和海南等省份均处于冷点区域之中。

1998 年中国农林生物质能源资源潜力的空间热点分布与 1993 年较为类似，只有江西从原有的次热区域转到次冷区域之中，其他省份的类型未发生变化。中国农业生物质能源资源潜力的空间热点分布在1998年的变化程度也较小，具体来看，四川由原有的热点区域转移到次热区域之中，辽宁由原有的次热区域转移到次冷区域之中，重庆由原有的次冷区域转移到冷点区域之中，其他省份均未发生变化。中国林木生物质能源资源潜力的空间热点分布在1998年未发生任何变化。

2003年中国农林生物质能源资源潜力的空间热点分布与1998年相比变化程度也较小，具体来看，广西由原有的次热区域转移到热点区域之中，新疆由次冷区域转移到次热区域之中，青海由冷点区域转移到次冷区域之中，其他省份的热点区域类型未发生变化。从中国农业生物质能源资源潜力的空间热点分布来看，在2003年发生小规模变化，这些变化主要集中在热点区域与次热区域转化和次热区域与次冷区域转化之中。如2003年四川再次转移到热点区域分布之中，广西也进入到该区域；云南由原有的次冷区域转移到次热区域之中，广东的变化则由次热区域转移到次冷区域之中。与之相比，该年中国林木生物质能源资源潜力的空间热点分布变化较大。具体来看，该年热点区域内的省份主要包括内蒙古、云南和四川；次热区域内的省份数量大幅增加，主要包括新疆、青海、甘肃、陕西、湖北、湖南、贵州、广西、广东、江西和福建，西部地区省份大量由次冷区域转移到次热区域之中；2003年次冷区域内的省份主要包括黑龙江、吉林、辽宁、河北、河南、山西、山东、安徽、浙江和重庆；而冷点区域内的省份未发生变化。

2008年中国农林生物质能源资源潜力空间分布与2003年相比只有内蒙古和广东发生变化，内蒙古由原有的次热区域转移到热点区域之中，广东由次热区域转移到冷点区域之中，其他省份的热点区域类型未发生任何变化。中国农业生物质能源资源潜力在该年的变化幅度也较小，具体包括新疆、内蒙古、黑龙江、四川和浙江五个省份，与2003年相比，次热区域的分布更为分散，但次热区域内的省份数量有所增加。2008年中国林木生物质能源资源潜力的空间热点分布也具有一定的变化，主要省份包括吉林、河北和广西三个省份，吉林由次冷区域转移到冷点区域之中，河北由次冷区域转移到次热区域之中，广西由次热区域转移到热点区域之中。

2013 年中国农林生物质能源资源潜力的空间热点分布也仅有少数省份发生变化，即黑龙江由次热区域转移到热点区域之中，浙江由次冷区域转移到冷点区域之中。中国农业生物质能源资源潜力的空间热点分布在 2013 年没有发生任何变化。中国林木生物质能源资源潜力的空间热点分布在该年仅有黑龙江和江西发生变化，黑龙江由次冷区域转移到冷点区域之中，江西由次热区域转移到次冷区域之中。

综合来看，中国农林生物质能源资源潜力的空间热点分布较为稳定，热点区域基本上主要集中在山东、河南、四川和云南四个省份，次热区域主要集中在中国的中部地区，如湖北、湖南、江西和安徽等省份，冷点区域和次冷区域主要集中在中国的西部地区及浙江、福建等东南沿海地区。中国农业生物质能源资源潜力的空间热点分布也表现出稳定的变动态势，1993～2013 年，四种类型热点区域分布变动不大。而中国林木生物质能源资源潜力的空间热点分布除 1998～2003 年发生明显变动之外，其他年份的分布也较为稳定。热点区域主要集中在内蒙古及西南地区的云南和四川两省，1998 年之前次热区域主要集中在东北及南方集体林区，之后西北地区的部分省份也处于次热区域之中，次冷区域的变动状况则与次热区域变动相反，冷点区域主要包括海南、宁夏等省份。

（二）中国二氧化碳排放量区域分布的空间热点分析

在以上对中国农林生物质能源资源潜力区域空间热点进行分析的基础上，再次对中国二氧化碳排放量区域分布进行热点分析，以此在进行耦合前对不同类型资源的分布有所认知。在此同样采用上文中所用的 Getis - Ord G_i^* 指标来衡量。

整体来看，1993～2013 年中国二氧化碳排放量的空间热点分布较为稳定，但同时也存在小规模的变化。1993 年，中国二氧化碳排放量的热点区域主要集中在华北地区，具体包括江苏、山东、河北、河南、山西、辽宁等省份，同时四川和广东两个省份也在其中。处于二氧化碳排放量冷点区域内的省份主要包括青海、宁夏、陕西和海南。处于二氧化碳排放量次热区域内的省份包括黑龙江、吉林、内蒙古、安徽、湖北、湖南、重庆、浙江和上海等省份，而处于次冷区域内的省份主要包括北京、天津、新疆、甘肃、云南、贵州、广西、江西和福建等省份。总体来看，1993年中国二氧化碳排放量的空间热点分布呈现出以下特征：第一，二氧化碳排放量的热点区域和次热区域所占比例较高，两者所包含的省份个数在四种类型中所占的比例分别为26.67%和30%，两者之和达到56.67%，而冷点区域和次冷区域所占的比例不到一半；第二，从整体分布来看，热点区域和次热区域所处的地域主要集中在中国的东北和华北地区，而冷点区域及次冷区域主要集中在中国的西北和西南地区。

1998年，中国二氧化碳排放量的空间热点分布与1993年相比变化不大，发生区域类型变化的省份主要有陕西、重庆、四川和贵州四个省份。陕西由1993年的冷点区域转移到1998年的次冷区域之中，重庆由1993年的次热区域转移到1998年的次冷区域之中，四川由1993年的热点区域转移到1998年的次热区域之中，贵州由1993年的次冷区域转移到1998年的次热区域之中。总体来看，1998年四种类型空间热点分布的具体分布位置与1993年相比差异不大，即二氧化碳排放量的热点区域和次冷区域仍然主要集中在中国的东北和华北地区，冷点区域和次冷区域主要集中在中国的西部地区。

2003年与1998年相比，中国二氧化碳排放量的空间热点分布也仅有少数省份发生类型变化，这些省份主要包括黑龙江、吉林、重庆、湖南和广西。黑龙江和吉林由1998年的次热区域转移到2003年的次冷区域中，重庆由1998年的次冷区域转移到2003年的冷点区域之中，湖南由1998年的次热区域转移到2003年的次冷区域之中，广西由1998年的次冷区域转移到2003年的冷点区域之中。从整体来看，2003年的中国二氧化碳空间热点分布与1998年的分布相差不大。

但2008年与2003年相比，中国二氧化碳排放量的空间热点分布发生了较为明显的变化。从热点区域来看，2008年的热点区域中仅包含山东这一省份，其数量与2003年相比明显减少。在次热区域方面，其主要包括内蒙古、辽宁、河北、河南、山西、江苏、浙江和广东8个省份。2008年次冷区域内的省份个数最多，高达12个，具体包括黑龙江、吉林、新疆、陕西、四川、云南、贵州、湖北、湖南、安徽、福建和上海。冷点区域变化不大，仍然主要包括青海、甘肃、宁夏、重庆、广西、海南和江西等省份。

2013年的中国二氧化碳排放量的空间热点分布与2008年相比变化较大，但与之前的2003年相比其不同类型的分布数量和分布状况类似。具体来看，热点区域主要包括内蒙古、河北、山东和江苏，次热区域主要包括辽宁、河南、陕西、湖北、浙江和广东，次冷区域主要包括黑龙江、吉林、新疆、陕西、四川、云南、贵州、湖南、广西、安徽、上海和福建，冷点区域主要包括青海、甘肃、宁夏、重庆、江西和海南。

从以上分析可以看出，从1993年至2013年，中国二氧化碳排放量的空间热点分布主要呈现出以下的变化特征：首先，中国二氧化碳排放量的空间热点分布变化较为平稳，除2008年的变化幅度较大之外，其他时间段中国二氧化碳排放量的空间热点分布仅有少数省份发生变化，并且这些省份的变化也主要体现在相邻区域类型之间的交换中，如省份在热点区域与次热区域之间的变化等。其次，整体来看，中国二氧化碳排放量的空间热点分布主要呈现出东高西低的分布态势，即二氧化碳排放量的热点区域和次热区域主要集中在中国的东部地区，而冷点区域和次冷区域主要集中在中国的西部地区。最后，部分省份的二氧化碳排放量的区域类型始终较为固定，如在热点区域中，山东始终处于该区域中未发生任何变化，并且其他热点区域或次热区域均始终围绕山东省的周边分布；青海、宁夏和海南三个省（区）始终处于冷点区域之中未发生变动。

二、1993～2013年区域空间耦合关系

（一）1993年区域空间耦合关系

借助于上文研究结果，本节对二氧化碳排放量、农林生物质能源资源潜力、农业生物质能源资源潜力和林木生物质能源资源潜力同时处于热点

区域、次热区域、次冷区域和冷点区域的省份进行整理分析，以此对不同类型的区域分布进行空间耦合。

1993 年，中国农林生物质能源资源潜力与二氧化碳排放量之间呈现出较好的区域空间耦合关系。具体来看，在热点区域空间耦合方面，山东、河南和四川三个省份农林生物质能源资源潜力及二氧化碳排放量均处于热点区域空间耦合状态中；在次热区域空间耦合方面，内蒙古、黑龙江、吉林、安徽、湖北和湖南六个省份的农林生物质能源资源潜力及二氧化碳排放量均处于该类型之中；在次冷区域空间耦合状态方面，新疆、甘肃、贵州和福建四个省份处于该类型中；在冷点区域空间耦合状态方面，青海、宁夏和海南三个省份处于该类型中。从四种不同类型的区域空间耦合比例来看，具有次热区域空间耦合特性的省份个数所占比例最高，在 30 个省份中所占的比例高达 20%；其次为具有次冷区域空间耦合特性的省份，其省份个数所占比例为 13.33%；最后为具有热点区域空间耦合特性和冷点区域空间耦合特性的省份，其省份个数所占比例均为 10%。总体来看，在 1993 年，农林生物质能源资源潜力与二氧化碳排放量之间具有耦合关系的省份在 30 个省份中所占的比例高达 53.33%，比例较高，因此可以充分说明，1993 年中国农林生物质能源资源潜力的空间分布与中国二氧化碳排放量的空间分布具有较好的空间耦合关系，两者在地理位置分布方面具有较好的吻合性。但从中国农业生物质能源资源潜力及林木生物质能源资源潜力的空间分布与中国二氧化碳排放量的空间分布耦合关系来看，农业生物质能源资源潜力与二氧化碳排放量的空间耦合关系较好，其热点区域空间耦合、次热区域空间耦合、次冷区域空间耦合和冷点区域空间耦合内的省份个数在 30 个省份中所占的比例分别为 13.33%、20%、20% 和 10%，总和高达 63.33%；而林木生物质能源资源潜力与二氧化碳排放量的空间耦合中四种类型的比例分别为 3.33%、10%、10% 和 6.67%，总和仅为 30%。

（二）1998 年区域空间耦合关系

1998 年中国农林生物质能源资源潜力与二氧化碳排放量之间的区域空

间耦合关系与1993年相比相差不大。在热点区域空间耦合状态方面，山东和河南的农林生物质能源资源潜力和二氧化碳排放量均仍处于该类型之中。在次热区域空间耦合状态方面，1998年与1993年相同，具有空间耦合特性的省份没有发生任何变化，仍然是内蒙古、黑龙江、吉林、安徽、湖北和湖南等六个省份。但在次冷区域空间耦合方面1998年却发生了明显的变化，新疆、甘肃和福建三省仍然处于此类型之中，除此之外，还增加了陕西、重庆和江西三个省份。在冷点区域空间耦合状态方面，1998年的状况与1993年相同，仍然包括青海、宁夏和海南三个省份。从所占比例的角度来看，1998年中国农林生物质能源资源潜力与二氧化碳排放量之间具有空间耦合关系的四种类型中，省份个数在所有30个省份中所占比例分别为6.67%、20%、20%和10%，其总和达到56.67%，与1993年相比稍高。从中国农业生物质能源资源潜力与二氧化碳排放量的空间分布耦合角度来看，处于热点区域空间耦合状态中的省份主要包括山东和河南两省，处于次热区域空间耦合特性中的省份个数与1993年相比没有发生变化，但是具体省份略有变化，即四川进入耦合区域中而河北从该区域中退出。中国农业生物质能源资源潜力与二氧化碳排放量的次冷区域空间耦合状态与1993年相比，也是数量未发生变化，但是具体省份略有变化，即1993年云南和贵州从该耦合类型中退出，而陕西和重庆进入该耦合类型之中。在冷点区域空间耦合方面，1998年与1993年相比没有发生变化。在中国林木生物质能源资源潜力与二氧化碳排放量的空间耦合状态方面，四种不同类型的区域空间耦合状态与1993年相比变化不大，1998年没有省份处于热点区域空间耦合状态中，次热区域空间耦合状态中的省份在原先的基础上增加了内蒙古。在次冷区域空间耦合状态中，贵州由其中退出而仅保留新疆和甘肃，冷点区域空间耦合状态仍然包括宁夏和海南两个省份。林木生物质能源资源潜力与二氧化碳排放量的四种类型区域空间耦合所占比例分别为0、13.33%、6.67%和6.67%，总和为26.67%。

（三）2003年区域空间耦合关系

2003年中国农林生物质能源资源潜力与二氧化碳排放量的区域空间耦

合状况与 1998 年相比发生了明显的变化，并且这种变化更多地体现在耦合数量方面。从热点区域空间耦合和冷点区域空间耦合方面来看，热点区域空间耦合在 2003 年与 1998 年相比没有变化，处于该状态中的省份仅包括山东和河南 2 个省份；冷点区域空间耦合在 2003 年仅包括宁夏和海南 2 个省份，两种类型区域空间耦合所占比例均为 6.67%。但是 2003 年中国农林生物质能源资源潜力与二氧化碳排放量的次热区域空间耦合和次冷区域空间耦合状态中的省份数量均发生了明显的变化，次热区域空间耦合状态仅包括内蒙古、安徽和湖北 3 个省份，次冷区域空间耦合状态包含甘肃、陕西、江西和福建 4 个省份，两种类型空间耦合中省份个数在 30 个省份中所占比例减少为 10% 和 13.33%。四种类型空间耦合中省份个数所占比例减少为 36.67%，但总体来看，虽然比例有所下降，但是处于四种空间耦合类型区域中的省份均没有发生明显的转移现象，只是 1998 ~ 2003 年中部分省份从原有空间耦合关系中退出。2003 年的中国农业生物质能源资源潜力与二氧化碳排放量的区域空间耦合关系同 1998 年相比也发生了明显变化。处于热点区域空间耦合状态中的省份仍然为山东和河南，所占比例为 6.67%；处于冷点区域空间耦合状态中的省份仍然为青海、宁夏和海南，所占比例为 10%；处于次热区域空间耦合状态中的省份个数明显减少，仅为安徽和湖北两个省份，所占比例为 6.67%；处于次冷区域空间耦合状态中的省份由原有的 6 个减少到 4 个，分别为新疆、甘肃、陕西和江西，所占比例为 13.33%。2003 年中国林木生物质能源资源潜力与二氧化碳排放量的区域空间耦合关系与 1993 年相比也发生明显变化，但与农业和二氧化碳耦合关系变化有所不同，林木生物质能源资源潜力与二氧化碳排放量的区域空间耦合关系变化更多地体现在省份位置的变化上，而数量变化并不明显。具体来看，尚无省份处于热点区域空间耦合状态中，处于次热区域空间耦合状态中的省份包括湖北和贵州两个省份，处于次冷区域空间耦合状态中的省份包括黑龙江和吉林两个省份，次热区域空间耦合和次冷区域空间耦合中的省份与 1998 年相比发生明显的变化，处于冷点区域空间耦合状态中的省份仍然包括宁夏和海南。从比例来看，四种类型空间耦合状态中省份个数在 30 个省份中所占比例分别为 0、6.67%、6.67% 和 6.67%。

（四）2008 年区域空间耦合关系

2008 年，中国农林生物质能源资源潜力与二氧化碳排放量的区域空间耦合关系与 2003 年相比存在明显变化，但与 1998 年到 2003 年的变化有所不同，2008 年的变化更多地体现在省份位置的变化上，而数量变化并不明显。具体来看，2008 年中国农林生物质能源资源潜力与二氧化碳排放量的区域空间耦合关系中，处于热点区域空间耦合状态的省份仅包括山东一省；冷点区域空间耦合状态中的省份没有发生变化，仍然为宁夏和海南两省。但次热区域空间耦合和次冷区域空间耦合状态内的省份发生明显的变化，在次热区域空间耦合状态中，主要包括河北和江苏两省，而次冷区域空间耦合状态中的省份主要包括陕西、贵州和福建三省。从比例来看，热点区域空间耦合、次热区域空间耦合、次冷区域空间耦合和冷点区域空间耦合状态中省份个数所占比例分别为 3.33%、6.67%、10% 和 6.67%，总和为 26.67%，与 2003 年相比比例大幅下降。2008 年，中国农业生物质能源资源潜力与二氧化碳排放量的区域空间耦合关系与 2003 年相比也发生明显变化，并且与农林生物质能源资源潜力和二氧化碳排放量耦合关系的变化状况相同，其变化主要体现在省份空间分布的变化上。2008 年，具有热点区域空间耦合关系的省份只有山东，与 2003 年相比减少河南一省；处于次热区域空间耦合状态的省份发生明显变化，主要有内蒙古、河北和江苏三省；处于次冷区域空间耦合状态的省份主要有陕西和贵州两省；处于冷点区域空间耦合状态的省份大幅增加，主要包括青海、宁夏、北京、天津和海南。从比例来看，四种类型区域空间耦合状态中省份个数的比例分别为 3.33%、10%、6.67% 和 16.67%，总和为 36.67%。2008 年中国林木生物质能源资源潜力的区域空间耦合状态与 2003 年相比在省份分布上也有明显变化，具体来看，尚未有省份处于热点区域耦合状态之中；处于次热区域耦合状态中的省份为河北和广东；处于次冷区域空间耦合状态的省份为黑龙江和安徽；处于冷点区域空间耦合状态的省份没有发生变化，仍然为宁夏和海南。四种类型的比例与 2003 年相同，没有发生变化。

（五）2013 年区域空间耦合关系

2013 年中国农林生物质能源资源潜力与二氧化碳排放量的区域空间耦合关系与 2008 年相比变化不大，只有少数省份发生变化。在 2013 年的热点区域空间耦合关系中，山东和内蒙古处于耦合状态中，在 2008 年的基础上增加了一个省份；具有次热区域空间耦合关系的省份仅为湖北一省；具有次冷区域空间耦合关系的省份与 2008 年相比没有发生变化，仍为陕西、贵州和福建；具有冷点区域空间耦合关系的省份除了海南之外还增加了宁夏一省。四种类型区域空间耦合状态中省份个数在 30 个省份中所占比例分别为 6.67%、3.33%、10% 和 13.33%，总和为 33.33%。中国农业生物质能源资源潜力与二氧化碳排放量在 2013 年的区域空间耦合关系也略有变化，具体主要表现在次热区域空间耦合关系中，在 2013 年处于该耦合状态的省份仅有湖北省。其他三种类型的区域空间耦合关系中的省份与 2008 年相同。2013 年中国林木生物质能源资源潜力与二氧化碳排放量的区域空间耦合状态与 2008 年相比也略有变化，在 2013 年内蒙古处于热点区域空间耦合状态之中，湖北处于次热区域空间耦合状态之中，安徽处于次冷区域空间耦合状态之中，宁夏、海南、北京和天津处于冷点区域空间耦合状态之中，所占比例分别为 3.33%、3.33%、3.33% 和 13.33%。

（六）1993～2013 年区域空间耦合关系总体变化特征

为了进一步分析 1993～2013 年中国二氧化碳排放量与农林生物质能源资源潜力、农业生物质能源资源潜力和林木生物质能源资源潜力之间区域空间耦合关系的变化特征，本部分主要从数量变化和位置分布两个方面进行具体分析。

从数量变化来看，中国农林生物质能源资源潜力与二氧化碳排放量之间的区域空间耦合关系呈现出先减弱、后稳定的变化趋势。在 1993 年，具有空间耦合特性的省份个数为 16 个，在 30 个研究省份中所占的比例高达 53.33%。到 1998 年具有空间耦合特性的省份个数增加到 17 个，所占比例为 56.67%。但是从 1998 年到 2003 年，具有耦合特性的省份个数降为 11

个，比例仅为 36.67%。之后 2008 年又略有下降，省份个数为 8 个，所占比例为 26.67%。到 2013 年，个数又回到 10 个，所占比例为 33.33%。由此可见，1993 年和 1998 年中国农林生物质能源资源潜力与二氧化碳排放量之间具有区域空间耦合特性的省份比例较高，并且较为稳定，2003 年、2008 年和 2013 年具有区域空间耦合特性的省份比例虽然有所下降，但在 30 个省份中的比例基本保持在 30% 左右，相对较为稳定。在中国农业生物质能源资源潜力与二氧化碳排放量的区域空间耦合方面，其数量变化与农林生物质能源资源潜力耦合状态的变化状况有所类似，即 1993 年和 1998 年具有耦合关系特性的省份数量较高，分别为 19 个和 17 个，所占比例分别为 63.33% 和 56.67%。之后 2003 年、2008 年和 2013 年均较为稳定，数量分别为 11 个、11 个和 9 个，所占比例分别为 36.67%、36.67% 和 30%。与前两者的区域空间耦合特性有所不同，中国林木生物质能源资源潜力与二氧化碳排放量之间的区域空间耦合关系较为稳定，1993 年、1998 年、2003 年、2008 年和 2013 年，具有区域空间耦合特性的省份个数分别为 9 个、8 个、6 个、6 个和 7 个，所占比例分别为 30%、26.67%、20%、20% 和 23.33%，由此可见，虽然数量有一定的变化，但是变化幅度不大。

从位置分布来看，1993~2013 年，农林生物质能源资源潜力与二氧化碳排放量具有耦合特性的省份主要集中在中国的中东部区域，而西部区域具有耦合特性的省份数量较少。除此之外，在中国农林生物质能源资源潜力与二氧化碳排放量之间的区域空间耦合关系中始终存在固定的省份，并且其他省份耦合状态的变化始终围绕这些固定的省份进行分布。在热点区域空间耦合类型之中，1993 年、1998 年和 2003 年山东和河南两省始终处于该类型的耦合状态之中，之后在 2008 年和 2013 年仅有山东省处于该种类型之中。在次冷区域空间耦合类型之中，福建省在五年中始终处于该类型之中。在冷点区域空间耦合类型之中，宁夏和海南始终处于其中。具有农业生物质能源资源潜力与二氧化碳排放量区域空间耦合特性的省份在 2003 年之前分布较为广泛，在东部、中部和西部均有分布，但之后随着具有耦合特性省份数量的减少，省份的分布较为分散。具体来看，山东始终处于热点区域耦合状态之中，1998 年开始陕西始终处于次冷区域耦合状态中，青海、宁夏和海南始终处于冷点区域耦合状态之中。林木生物质能源资源潜力与二氧化碳排放量具有区域空间耦合特性的省份分布也具有一定的变化，1993年主要处于中国的西部区域，之后随着数量的减少分布也逐步分散，但同时少数省份也具有较为稳定的耦合特性，如湖北除2008年之外始终具有次冷区域空间耦合特性，宁夏和海南始终具有冷点区域空间耦合特性。

第四节　本章小结

　　本章首先对中国各个省份二氧化碳排放量进行了计算，在此基础上，运用区域重心法对中国农林生物质能源资源潜力与二氧化碳排放之间的整体空间耦合关系进行了研究，之后运用热点分析方法对两者之间的区域空间耦合关系进行了研究。通过对中国二氧化碳排放量进行测算得知，研究的30个省份1993～2013年的二氧化碳排放量在不断增加，整个变化趋势可以分为两段，2001年之前二氧化碳排放量基本保持在30亿吨，从2001年之后二氧化碳排放量快速增加。从二氧化碳排放量的分布区域来看，排放量居于前五位的省份始终包括河北、江苏和山东三个省份，这三个省份主要居于中国的东部地区，海南、青海和宁夏三个省份始终处于后五位的位置上。各省份的二氧化碳排放量存在一定的差距，尤其是二氧化碳排放量的最大值和最小值之间的差距较大。从整体来看，中国各省份二氧化碳排放量的分布特征与中国农林生物质能源资源潜力的分布特征具有一定的相似之处，如海南、北京等省份在二氧化碳排放量和农林生物质能源资源潜力方面均处于较低的位置，内蒙古等省份的二氧化碳排放量和农林生物质能源资源潜力均处于较高的位置。

　　本章也通过利用区域重心法对农林生物质能源资源潜力与二氧化碳排放量之间的整体空间耦合关系进行了研究。研究发现，中国农林生物质能源资源潜力和二氧化碳排放量两者之间在整体上具有较高的空间耦合关系。从区域重心本身的移动距离来看，中国农林生物质能源资源潜力的区域空间重心和二氧化碳排放量的区域空间重心变化较为稳定。从区域重心的变化方向来看，中国农林生物质能源资源潜力的区域空间重心和二氧化碳排放量的区域空间重心变化方向较为一致；中国农业生物质能源资源潜力与二氧化碳排放量在重心变化方向方面具有较好的空间耦合性；中国林木生物质能源资源潜力与二氧化碳排放量的空间耦合性更主要地表现在空间移动方向方面。

通过运用热点分析对中国农林生物质能源资源潜力与二氧化碳排放量的区域空间耦合关系进行研究发现，从数量变化来看，1993～2013 年，中国农林生物质能源资源潜力与二氧化碳排放量之间的区域空间耦合关系呈现出先减弱、后稳定的变化趋势；在中国农业生物质能源资源潜力与二氧化碳排放量的区域空间耦合方面，其数量变化与农林生物质能源资源潜力耦合状态的变化状况有所类似；中国林木生物质能源资源潜力与二氧化碳排放量之间的区域空间耦合关系较为稳定。从位置分布来看，1993～2013年，农林生物质能源资源潜力与二氧化碳排放量具有耦合特性的省份主要集中在中国的中东部区域，而西部区域具有耦合特性的省份数量较少。

第 **六** 章

中国农林生物质能源资源对
碳排放和经济的潜在作用

　　农林生物质能源作为一种新型能源，在产业发展之初由于受到技术等诸多条件的限制，使得其利用成本较高，因此农林生物质能源利用的最初目的主要是在环境方面取得一定的效益（郑幕强，2012）。由于能源、环境和经济之间相互作用，因此在争取取得环境效益的同时，农林生物质能源资源的利用也会对经济产生一定的影响。农林生物质能源、环境和经济之间形成一个复合系统，在该系统内各个系统之间的相互作用并不是子系统的线性相加，而是农林生物质能源系统、环境系统和经济系统相互作用、相互关联，三者组成的整体复合系统远远超过各个要素的功能之和。同时，农林生物质能源、环境和经济所组成的复合系统并不是处于一种静止的状态，而是整个系统进行有序的运动，因此农林生物质能源资源的潜在利用对环境和经济产生的作用也具有一定的规律性。把握三者之间的相互关系、探讨三者之间的相互作用对于今后农林生物质能源资源的有效开发利用具有一定的促进作用。

第一节　能源—经济系统中农林生物质能源资源对
经济增长的潜在作用

一、研究方法

　　长期以来，中国的能源消费主要以化石能源为主。作为一种新兴产业，新能源在过去很长一段时间内由于利用程度较小，对经济的发展所产生的影响程度较弱。通过以上章节的研究可知，目前中国农林生物质能源资源较为丰富，不同地区均分布着大量的农林生物质能源资源，若这部分能源资源得以充分利用，势必对中国经济的发展产生较大的推动作用。为了判断今后中国农林生物质能源资源量对经济发展之间的潜在影响作用，本节运用相关数据定量分析 1993～2013 年的中国农林生物质能源资源量对经济发展的潜在影响关系。

目前，较为常用的测算资源赋予程度对经济发展影响的定量分析方法主要是运用总量生产函数进行经济增长核算，通常情况下是以国民收入核算账户中的投入要素占国内生产总值的比重作为要素产出弹性参数，一般以柯布－道格拉斯生产函数进行测算。柯布－道格拉斯生产函数的一般形式为：

$$Y = A \times K^{\alpha} \times L^{\beta} \tag{6.1}$$

式中，Y 为经济总产出量，A 为技术水平，K 为生产过程中的资本投入量，L 为生产过程中的劳动力投入量，α 为资本投入的产出弹性，β 为劳动力投入的产出弹性。在规模报酬不变的前提条件下，以上柯布－道格拉斯生产函数中的资本投入产出弹性和劳动力投入产出弹性之和为 1，即 $\alpha + \beta = 1$。

为了进一步研究农林生物质能源资源对中国经济发展的潜在影响，将能源要素引入以上测算公式中。在此，本研究构造四要素柯布－道格拉斯生产函数，具体为：

$$\begin{cases} GDP_t = A \times FE_t^{\alpha} \times NE_t^{\beta} \times K_t^{\gamma} \times L_t^{\delta} \\ \alpha + \beta + \gamma + \delta = 1 \end{cases} \tag{6.2}$$

式（6.2）中，t 为年份，在本式中为 1993 年、1994 年、……、2013 年；GDP 为经济产出总量；K 为资本投入量；L 为劳动力投入量。为了研究中国农林生物质能源资源对中国经济发展的潜在影响作用，将能源要素分为两部分，分别为化石能源和农林生物质能源，其中 NE 表示农林生物质能源潜在资源量，即在生产过程中全部能源资源消费中可以被农林生物质能源资源替代的部分；FE 为能源消费总量中被农林生物质能源资源得以替代后所剩余的化石能源消费量。α 为化石能源资源投入的产出弹性系数，β 为农林生物质能源资源投入的产出弹性系数，γ 为资本投入的产出弹性系数，δ 为劳动力投入的产出弹性系数。

下面利用 1993～2013 年的相关数据，通过回归分析方法估算出以上公式中的各个要素投入产出弹性。为此，将式（6.2）进行如下变化：

$$GDP_t = A \times FE_t^{\alpha} \times NE_t^{\beta} \times K_t^{\gamma} \times L_t^{\delta}$$

$$\Rightarrow \ln GDP_t = \ln A + \alpha \ln FE_t + \beta \ln NE_t + \gamma \ln K_t + \delta \ln L_t$$

$$\because \alpha + \beta + \gamma + \delta = 1$$

$$\therefore \beta = 1 - \alpha - \gamma - \delta$$

$$\Rightarrow \ln GDP_t = \ln A + \alpha \ln FE_t + (1 - \alpha - \gamma - \delta) \ln NE_t +$$
$$\gamma \ln K_t + \delta \ln L_t$$

$$\Rightarrow \ln GDP_t - \ln NE_t = \ln A + \alpha (\ln FE_t - \ln NE_t) +$$
$$\gamma (\ln K_t - \ln NE_t) + \delta (\ln L_t - \ln NE_t)$$

$$\Rightarrow \ln \frac{GDP_t}{NE_t} = \ln A + \alpha \ln \frac{FE_t}{NE_t} + \gamma \ln \frac{K_t}{NE_t} + \delta \ln \frac{L_t}{NE_t} \qquad (6.3)$$

式（6.3）通过利用回归分析方法，可以估算出 α、γ 和 δ 的值，利用公式 $\beta = 1 - \alpha - \gamma - \delta$ 最终可以得出农林生物质能源资源的潜在产出弹性。

二、数据来源

根据以上计算方法，本节选取中国各省份的国内生产总值、化石能源消费量、农林生物质能源资源潜力、分地区及分三次产业的就业人数和全社会固定资产投资额 5 项具体统计指标作为经济总产出量、化石能源投入量、农林生物质能源潜在投入量、劳动力投入量和资本投入量的具体衡量指标。时间跨度为 1993～2013 年，所运用的数据除了上文计算获得之外，其他数据均来源于历年的《中国统计年鉴》《中国能源统计

第六章　中国农林生物质能源资源对碳排放和经济的潜在作用

年鉴》。其中，中国各省份的国内生产总值数据根据城乡居民消费价格指数和商品零售价格指数将其分别折算成以 1993 年为基期的数据。由于本节研究农林生物质能源资源的潜在产出弹性，该部分农林生物质能源资源实际并未得到利用，但是年度的能源消费量在历年均有产生，因此本节中的化石能源消费量并不是指统计年鉴中所统计的消费量，而是已经消费的能源总量中扣除农林生物质能源潜在利用后的消费总量。在研究计算中，由于存在一定的缺失数据，本节对其进行以下处理来补充：1996 年之前重庆市的缺失数据主要根据 1997～2013 年重庆市该数值占四川省总值的平均比例计算获得；2011 年之后分地区及分三次产业的就业人数只有全国统计数据的具体数值，而缺少各省份的具体数值，因此 2011～2013 年该数值主要通过 1993～2010 年不同省份在全国数值中所占的平均比例进行计算获得。

三、研究结果及分析

农林生物质能源资源的潜在产出弹性等于经济总产出增量与农林生物质能源资源潜在增量之比乘以农林生物质能源资源潜在投入量与经济总产出之比，即农林生物质能源资源的潜在边际产出与农林生物质能源资源潜在投入量和经济总产出之比的乘积。当农林生物质能源资源的潜在边际产出越高且其潜在投入量较高时，农林生物质能源资源的潜在产出弹性越大。由于当前中国在农林生物质能源资源利用方面总利用量较小，根据边际产出递减规律，若农林生物质能源资源的潜在产出弹性越大，则意味着该投入要素相对稀缺，且其在经济发展中所起到的潜在作用越大。因此通过分析农林生物质能源资源的潜在产出弹性，可以充分了解该要素在中国经济发展过程中的潜在重要性。

根据式（6.3），分别对 1993～2013 年共 21 年的农林生物质能源资源的潜在产出弹性进行测算，图 6-1 描述了该时间段内农林生物质能源资源潜在产出弹性的变动情况。

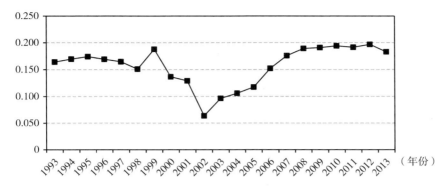

图 6 – 1　1993～2013 年中国农林生物质能源资源
潜在产出弹性变动情况

通过计算得知，1993～2013 年中国农林生物质能源资源的潜在产出弹性平均值为 0.157，即农林生物质能源资源对经济总产出的潜在贡献可达到 15.7%，这说明农林生物质能源资源的潜在利用对中国经济的发展具有较强的潜在推动作用。从图中可以看出，1993～2013 年中国农林生物质能源资源的潜在产出弹性最高点出现在 2012 年，潜在产出弹性为 0.197；最低点出现在 2002 年，潜在产出弹性为 0.064。

同时从图中还可以看出，1993～2013 年中国农林生物质能源资源的潜在产出弹性变化可以分为两个阶段，1993～2002 年为第一阶段，2003～2013 年为第二阶段。在第一阶段内，中国农林生物质能源资源的潜在产出弹性呈现下降的变化趋势，在开始之初的 1993 年潜在产出弹性为 0.164；之后略有小幅上升，到 1995 年为 0.174；从 1995 年开始初步下降，但是到 1999 年出现大幅提高的变化趋势，在 1999 年农林生物质能源资源的潜在产出弹性为 0.188；之后在 2000 年仍然表现出较低的潜在产出弹性，且 2000 年该年的潜在产出弹性值要低于 1998 年的水平；从 2001 年到 2002 年，农林生物质能源资源的潜在产出弹性呈现大幅下降的变化状态，在 2002 年达到整个研究期内的最低值，为 0.064。在第二阶段内，从 2003 年开始，中国农林生物质能源资源的潜在产出弹性开始呈现上升的变化趋势，尤其是 2002～2008 年的 6 年时间内潜在产出弹性值增长较快，2008～2013 年增速较慢。

中国农林生物质能源资源的潜在产出弹性之所以呈现出两个阶段的变

化，与其他要素投入产出弹性的变化密切相关。在 2002 年之前，中国劳动力投入的产出弹性系数和资本投入的产出弹性系数值具有较高的比例，两者的变化呈现相反的变动趋势，其总和在所有投入产出弹性系数中所占比例始终较高，但从总体来看两者总和呈现上升趋势。在所有要素中，中国劳动力投入的产出弹性系数所占比例最高，在研究期之初的 1993 年，中国劳动力的投入产出弹性系数高达 0.855，之后逐年下降。但是在这段时间内，中国资本投入产出弹性系数始终上升，由 1993 年的 0.320 上升到 2003 年的 0.838。这两者在所有要素投入比例中所占的比重较高，说明在该期间内，中国劳动力要素投入对经济总产出的贡献要高于资本要素投入所带来的贡献。但是在该期间内，劳动力投入产出弹性的下降幅度要远远低于资本投入产出弹性的提升幅度，因此导致两者所占比重越来越高。同时，在整个研究期内，化石能源的投入产出弹性系数始终保持较为稳定的变动状态，因此导致中国农林生物质能源资源的潜在产出弹性呈现出下降的趋势。从 2003 年开始，中国劳动力投入产出弹性系数始终保持在 0.1 以下的水平，与化石能源投入产出弹性系数变动趋势相同，变化相对较为稳定，但是资本投入产出弹性的变化波动性较大，尤其是 2002～2007 年，中国资本投入产出弹性系数由 0.838 减少到 0.760。资本投入产出弹性系数的这种变化也较为符合中国在此阶段的经济变动状态，在此期间内中国的劳动力较为饱和，而资本的稀缺状况也在不断得到满足，导致在该期间内中国农林生物质能源资源的潜在产出弹性急剧上升。从 2008 年开始，各投入要素的产出弹性相对较为稳定，因此也使得中国农林生物质能源资源的潜在产出弹性变化也较为稳定。

第二节　农林生物质能源资源、碳排放与经济发展的整体空间耦合

一、农林生物质能源资源、碳排放与经济发展的整体空间耦合关系

本节运用重心模型对农林生物质能源资源潜力、二氧化碳排放量和经

济发展分别计算重心位置的地理坐标，并在坐标系中绘制。同时，本节还对重心偏移距离计算公式进行改进，以此计算同一时间三者之间的重心距离。其计算公式如下所示：

$$D_{\alpha,\beta} = c \times \sqrt{(X_\alpha - X_\beta)^2 + (Y_\alpha - Y_\beta)^2} \qquad (6.4)$$

式（6.4）中，D 表示同一时间内重心之间的距离；α 和 β 分别表示同一时间内农林生物质能源资源潜力、二氧化碳排放量和经济发展中的任意两个变量；（X_α，Y_α）和（X_β，Y_β）分别表示任意两个变量的重心坐标；c 表示常数。

图 6-2 反映了农林生物质能源资源、二氧化碳排放和经济发展三者在不同年份的重心变动情况。首先，从三者重心分布的范围来看，虽然重心没有完全吻合，但是不同年份三者之间的重心距离均较近。表 6-1 显示了1993 年、1998 年、2003 年、2008 年和 2013 年中国农林生物质能源资源重

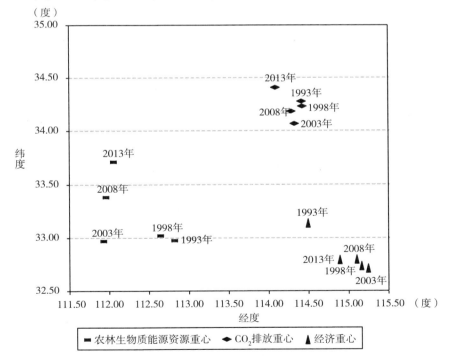

图 6-2　中国农林生物质能源资源、二氧化碳排放和
经济重心演变轨迹

心与经济重心、农林生物质能源资源重心与二氧化碳排放重心及二氧化碳排放重心与经济重心之间的距离。从中可以看出，农林生物质能源资源重心与经济重心之间的距离始终保持在［186.88，369.54］千米的距离范围之内，且该距离的变化呈现出先增加后减小的变化趋势。农林生物质能源资源重心与二氧化碳排放重心之间的距离范围始终保持在［228.76，292.82］千米的距离范围之内，与前者变化相同，从1993年到2003年呈现出距离扩大的趋势，之后从2003年至2013年距离在逐步缩小。二氧化碳排放重心与经济重心之间的距离范围始终保持在［127.04，200.48］千米的范围之内，距离在整体上呈现出增加、减弱、再增加的变化趋势。由此可见，虽然三者的重心位置在经纬度上并未表现出完全吻合，但是相对中国广阔的地理范围而言，三者重心之间的距离范围较小，因此农林生物质能源资源、二氧化碳排放量和经济发展能够在重心距离方面表现出较强的耦合性。

表6–1 农林生物质能源资源重心、二氧化碳排放重心与经济重心之间的距离

单位：千米

年份	农林生物质能源资源重心与经济重心距离	农林生物质能源资源重心与CO_2排放重心距离	CO_2排放重心与经济重心距离
1993	186.88	228.76	127.04
1998	281.52	239.02	185.51
2003	369.54	292.82	181.91
2008	355.24	273.23	178.96
2013	331.12	238.55	200.48

从三者重心分布的集中程度来看，二氧化碳排放重心在1993年、1998年、2003年、2008年和2013年五年时间内的集中程度较强，经济重心除1993年之外其他时间段的集中程度较强。相对这两者而言，中国农林生物质能源资源重心的集中程度较弱，但是从地域范围来看，五年内生物质能源资源重心主要集中在河南省驻马店市的行政距离范围之内，重心分布具有一定的波动，但是变化距离较小，因此从整体来看在集中程度方面三者也较为吻合。

从地理范围来看，中国农林生物质能源资源重心相对于二氧化碳排放重心和经济重心而言主要分布在这两者的西部位置，经济重心分布在二氧化碳排放重心的南部位置，且三者均处于河南省的范围之内，因此在地理范围方面也较为吻合。

从三者重心的变动方向来看，二氧化碳排放重心与经济发展重心在五年内的变动方向大致相同，即 1993～1998 年重心向东南位置变化，1998～2003 年向南部位置变化，2003～2008 年向北部位置变化，2008～2013 年向西位置变化。中国农林生物质能源资源重心变化与前两者在 1993～1998 年略有不同，从整体看，1993～2003 年呈现出向西和向南的变化过程，但是 1998 年开始其变动方向与二氧化碳排放重心和经济发展重心的变动方向相同。由此可见，三者在重心变动方面耦合性也较强。

二、农业生物质能源资源、碳排放与经济发展的整体空间耦合关系

本节继续对农业生物质能源资源、二氧化碳排放量和经济发展的整体空间耦合关系进行研究。图 6-3 显示出 1993 年、1998 年、2003 年、2008 年和 2013 年三者的重心分布情况。从图中可以看出，农业生物质能源资源重心在整体上与二氧化碳排放重心和经济重心具有更好的空间耦合关系。从同一时间段三者的距离来看（见表 6-2），重心之间的距离相对较小。1993～2013 年，农业生物质能源资源重心与经济重心之间的距离分别为 93.33 千米、103.69 千米、134.77 千米、95.74 千米和 56.02 千米，距离呈现出先增大后减小的变化趋势。农业生物质能源资源重心与二氧化碳排放重心之间的距离相对较大，分别为 127.04 千米、185.51 千米、181.91 千米、178.96 千米和 200.48 千米，整体上距离表现出增加、减小、再增加的变化趋势。二氧化碳排放重心与经济重心之间的距离在三者中的距离最大，五年中两者之间的距离分别为 76.21 千米、192.31 千米、234.04 千米、219.13 千米和 225.89 千米。由此可见，在整体耦合方面，农林生物质能源资源与经济发展的空间耦合性较强，与二氧化碳排放量之间的空间

耦合程度次之，二氧化碳排放量与经济发展的整体空间耦合关系相对较弱。从重心分布的变动轨迹来看，2003～2013年，三者的变动方向基本一致，均为由南向北变动，因此三者在空间变动方面具有一定的空间耦合性。

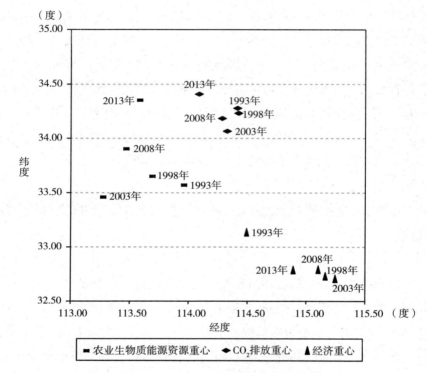

图6-3 中国农业生物质能源资源、二氧化碳排放和
经济重心演变轨迹

表6-2   农业生物质能源资源重心、二氧化碳排放
重心与经济重心距离   单位：千米

年份	农业生物质能源资源重心与经济重心距离	农业生物质能源资源重心与CO_2排放重心距离	CO_2排放重心与经济重心距离
1993	93.33	127.04	76.21
1998	103.69	185.51	192.31
2003	134.77	181.91	234.04
2008	95.74	178.96	219.13
2013	56.02	200.48	225.89

三、林木生物质能源资源、碳排放与经济发展的整体空间耦合关系

图 6-4 反映了林木生物质能源资源、二氧化碳排放与经济发展三者的整体空间耦合关系。从图中可以看出，与农业生物质能源资源相比，林木生物质能源资源与其他两者的整体空间耦合关系相对较弱，但是三者各自的空间分布程度更为集中。从三者的距离来看（见表 6-3），林木生物质能源资源重心与经济重心之间的距离在 1993 年、1998 年、2003 年、2008 年和 2013 年这五年内分别为 497.7 千米、501.81 千米、577.14 千米、615.35 千米和 610.51 千米，林木生物质能源资源重心与二氧化碳排放重心之间的距离分别为 127.04 千米、185.51 千米、181.91 千米、178.96 千米和 200.48 千米，而二氧化碳重心与经济重心之间的距离分别为 450.29

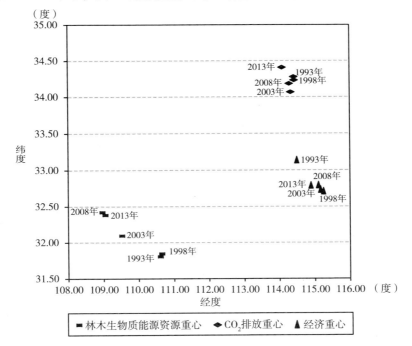

图 6-4　中国林木生物质能源资源、二氧化碳排放和经济重心演变轨迹

千米、515.74 千米、639.78 千米、674.28 千米和 659.72 千米。由此可见，林木生物质能源资源与二氧化碳排放在距离方面体现出更好的整体空间耦合性，与经济发展的空间耦合关系次之，二氧化碳排放与经济发展之间的整体空间耦合关系相对最弱。

表 6-3　　　　　林木生物质能源资源重心、二氧化碳排放重心与
经济重心距离　　　　　　　　　单位：千米

年份	林木生物质能源资源重心 与经济重心距离	林木生物质能源资源重心 与 CO_2 排放重心距离	CO_2 排放重心与 经济重心距离
1993	497.70	127.04	450.29
1998	501.81	185.51	515.74
2003	577.14	181.91	639.78
2008	615.35	178.96	674.28
2013	610.51	200.48	659.72

从图 6-3 和图 6-4 中可以看出，同农业生物质能源资源与二氧化碳排放和经济发展之间的整体空间耦合关系相比，林木生物质能源资源与两者之间的空间耦合关系略有不同。从分布相对位置来看，农业生物质能源资源重心主要分布在二氧化碳排放重心的西南位置和经济重心的西北位置，而林木生物质能源资源重心主要分布在二氧化碳排放重心和经济重心的西南位置。从整体空间集中程度来看，农业生物质能源资源重心与其他两者之间的空间分布较为集中，而林木生物质能源资源与其他两者之间的分布距离较远。从自身分布状况来看，农业生物质能源资源的空间分布相对较为分散，而林木生物质能源资源的空间分布相对较为集中。但是从整体上来看，农业生物质能源资源与二氧化碳排放和经济发展之间的整体空间耦合关系要高于林木生物质能源资源与两者之间的空间耦合关系。

第三节　农林生物质能源资源、碳排放与经济发展的区域空间耦合关系

为了进一步研究农林生物质能源资源、二氧化碳排放量和经济发展三

者之间的耦合关系，本节首先运用热点分析方法对经济发展进行了分析，之后借助于上一章的研究成果，对农林生物质能源资源、二氧化碳排放量和经济发展的区域空间耦合关系进行分析。

一、1993年区域空间耦合关系研究

1993年，农林生物质能源资源、二氧化碳排放量与经济发展三者之间具有空间耦合关系的省份主要集中在中国的西部地区及华北地区。其中，具有热点区域空间耦合关系的省份主要包括山东、河南和四川，这之中山东具有较强的热点区域空间耦合关系，而河南和四川在农林生物质能源资源与二氧化碳排放量方面具有较强的热点区域空间耦合关系，其经济发展处于次热区域中，但是次热区域仍属于经济发展集中性较强区域，因此我们认为在1993年具有较强热点区域空间耦合关系的省份包括以上三省。具有次热区域空间耦合关系的省份主要包括湖北省；具有次冷区域空间耦合关系的省份主要包括甘肃、贵州和福建三省，其中福建省的次冷区域耦合关系较强；具有冷点区域空间耦合关系的省份主要有青海、宁夏和海南三省。从整体来看，1993年具有空间耦合关系的省份在所研究的30个省份中所占比例较大。具体从农业生物质能源资源和林木生物质能源资源与二氧化碳排放量及经济发展之间的区域空间耦合关系来看，两者具有一定的差异。在农业生物质能源资源方面，三者在山东、河南和江苏和河北具有更好的热点区域空间耦合性，而林木生物质能源资源与其他两方面在此区域无较强的空间耦合性。整体来看，农业生物质能源资源与二氧化碳排放和经济发展的区域空间耦合性要优于林木生物质能源资源方面。

二、1998年区域空间耦合关系

1998年中国农林生物质能源资源与二氧化碳排放量和经济发展的区域空间耦合关系分布与1993年相比略有不同。整体来看，在中部地区及西北地区的空间耦合关系较强。具体来看，具有热点区域空间耦合关系的省份

仍然包含山东和河南两省，具有次热区域空间耦合关系的省份主要包括黑龙江、湖北和湖南三省，具有次冷区域空间耦合关系的省份主要包括新疆、甘肃、陕西、重庆和江西5个省份，具有冷点区域空间耦合关系的省份主要包括青海、宁夏和海南三省。从不同区域类型的分布来看，具有热点区域空间耦合关系和次热区域空间耦合关系的省份仍然主要集中在中国的华北及中部地区，具有次冷区域和冷点区域空间耦合关系的省份主要集中在中国的西北地区。从农业生物质能源资源与二氧化碳排放和经济发展的空间耦合关系分布来看，在次热区域空间耦合方面还包括四川省，其他与1993年相比在区域空间耦合方面增加了黑龙江和新疆两省。1998年中国林木生物质能源资源与二氧化碳排放和经济发展的区域空间耦合关系与1993年相比略有不同，具有次热区域空间耦合关系的省份主要包括黑龙江、湖北和湖南，具有次冷区域空间耦合关系的省份主要有新疆和甘肃，具有冷点区域空间耦合关系的省份主要有宁夏和海南。农业生物质能源资源与其他两者之间的区域空间耦合关系仍高于林木生物质能源资源。

三、2003年区域空间耦合关系

2003年，中国农林生物质能源资源与二氧化碳排放和经济发展具有区域空间耦合关系的省份数量相对1998年明显减少。具体来看，具有热点区域空间耦合关系的省份仍然是以山东和河南为主，具有次热区域空间耦合关系的省份主要包括湖北，具有次冷区域空间耦合关系的省份主要包括甘肃、陕西和江西，具有冷点区域空间耦合关系的省份主要包括宁夏和海南。从农业生物质能源资源与其他二者之间的区域空间耦合关系分布来看，具有热点区域空间耦合关系和次热区域空间耦合关系的省份主要集中在山东、河南、安徽和湖北四个省份，西北地区的冷点区域空间耦合关系和次冷区域空间耦合关系较强。林木生物质能源资源与二氧化碳排放和经济发展的区域空间耦合关系与1998年相比明显减弱，具有次热区域耦合关系的省份仅有湖北一省，具有次冷区域空间耦合关系的省份主要有黑龙江和吉林两省，具有冷点区域空间耦合关系的省份主要有宁夏和海南两省。

四、2008 年区域空间耦合关系

2008 年中国农林生物质能源资源与二氧化碳排放和经济发展的区域空间耦合关系分布与之前相比略有不同，但是从具有热点区域空间耦合关系和次热区域空间耦合关系的分布来看，仍然围绕山东进行分布，总体上省份个数与 2003 年相比没有明显变化。具有次冷区域空间耦合关系和冷点区域空间耦合关系的省份主要包括陕西、贵州、宁夏和海南四省。从农业生物质能源资源来看，具有区域空间耦合特性的省份数量明显减少，具有热点区域空间耦合关系和次热区域空间耦合关系的省份主要包括山东、河北和江苏，具有次冷区域空间耦合关系和冷点区域空间耦合关系的省份主要有陕西、青海、宁夏、海南、北京和天津。林木生物质能源资源与其他两者之间的区域空间耦合关系分布具有一定的分散性。

五、2013 年区域空间耦合关系

2013 年区域空间耦合关系仍然出现小幅变化。在农林生物质能源资源与二氧化碳排放和经济发展的区域空间耦合关系中，具有热点区域空间耦合关系的省份主要为山东，具有次热区域空间耦合关系的省份主要有河北和江苏，具有次冷区域空间耦合关系的省份主要有陕西和贵州，具有冷点区域空间耦合关系的省份主要有宁夏、海南、北京和天津。此外，农业生物质能源资源和林木生物质能源资源与其他二者之间的空间耦合特征与2008 年相比在数量上均有所减少。

六、1993～2013 年区域空间耦合关系总体变化特征

从整体上看，1993～2013 年中国农林生物质能源资源与二氧化碳排放量和经济发展之间的区域空间耦合关系发生了明显的变化，具体来看主要有以下三个方面。

　　首先，从区域空间耦合关系的分布范围来看，山东及其周边省份为热点区域空间耦合关系较强的区域，即在该省份及其周边省份，中国农林生物质能源资源较为丰富，同时，该省份及其周边省份也是经济发展较为发达的区域，并且二氧化碳排放程度较高。因此在该区域进行农林生物质能源产业的发展具有一定的资源和经济优势，同时也能够产生较强的环境效益。除此之外，湖北省在五年之中有四年的时间始终处于次热区域空间耦合关系分布之中，因此该省份在区域空间耦合方面也较为稳定，该省份若进行农林生物质能源产业发展也会产生较强的环境和经济效益。在农林生物质能源资源与二氧化碳排放量和经济发展的次冷区域空间耦合关系中，甘肃、陕西和贵州时常处于该区域中，因此该区域表现出较为稳定的区域空间耦合关系，即该区域相对于热点区域和次热区域而言，在农林生物质能源资源、二氧化碳排放量和经济发展方面相对较弱。在五年的区域空间耦合关系中，具有冷点区域空间耦合关系的省份主要有宁夏、青海和海南等省份，这表明这些区域在三个方面的数值均较低，即农林生物质能源量不足，经济发展较弱，同时二氧化碳排放程度较低。

　　其次，从区域空间耦合关系的数量来看，具有空间耦合关系的省份数量在 1993 年和 1998 年较多，2003～2013 年相对较少。1993 年和 1998 年具有区域空间耦合关系的省份个数分别为 10 个和 13 个，2003 年、2008 年和 2013 年数量分别为 8 个、7 个和 8 个。但总体来看，中国农林生物质能源资源与二氧化碳排放和经济发展之间的区域空间耦合关系具有一定的稳定性。

　　最后，从农业生物质能源资源和林木生物质能源资源与二氧化碳排放量和经济发展的区域空间耦合关系来看，农业生物质能源资源与其他两个要素的区域空间耦合性要优于林木生物质能源资源。在数量方面，1993～2013 年农业生物质能源资源与其他两要素具有区域空间耦合关系的省份数量分别为 13 个、14 个、11 个、10 个和 9 个，而林木生物质能源资源方面的省份数量分别为 6 个、7 个、5 个、6 个和 5 个。从分布范围来看，农业生物质能源资源的空间耦合关系主要集中于山东、湖北、陕西、青海、宁夏和海南等省份，而林木生物质能源资源主要集中在湖北、宁夏和海南等省份。

第四节　农林生物质能源资源—环境—经济系统的潜在作用关系

一、模型构建

为了进一步研究中国农林生物质能源资源与环境和经济之间的潜在相互关系，本节利用回归分析方法对其做进一步分析。通常情况下，传统的回归分析方法把数据看作是相互独立的单元，而本节中的研究对象为中国的不同省份，各省份在农林生物质能源资源、二氧化碳排放量和经济发展之间存在一定的空间相关关系，因此若用传统的回归分析方法进行研究则会忽略数据之间的空间相关关系。空间回归分析模型则建立在各个省域单元之间空间相关的基础上，能够更进一步反映探索数据之间的关系，因此本节除了运用一般回归模型对中国农林生物质能源资源与环境和经济之间的相互关系进行分析之外，也同时运用空间回归分析方法对其进行分析。

在此，构建以下一般回归分析模型：

$$\ln CO_{2t} = c + \alpha_1 \ln NE_t + \alpha_2 \ln FE_t + \alpha_3 \ln GDP_t + \varepsilon \qquad (6.5)$$

式（6.5）中，$\ln CO_2$、$\ln NE$、$\ln FE$ 和 $\ln GDP$ 分别表示二氧化碳排放量、农林生物质能源资源潜力、农林生物质能源资源替代化石能源资源后剩余化石能源资源量和经济发展的自然对数，c 表示常数项，α 表示各个变量的回归系数，ε 表示随机误差项。

1981 年，克里夫（Cliff）和奥尔德（Ord）提出了空间回归分析模型进行研究，其研究基本公式为：

$$\begin{cases} Y = \rho W_y + X\beta + \mu \\ \mu = \lambda W_\mu + \varepsilon \\ \varepsilon \sim \mathrm{N}(0, \sigma_\varepsilon^2 \mathrm{I}_n) \end{cases} \qquad (6.6)$$

式（6.6）中，Y 为因变量，X 为自变量，W 为空间权重，ρ 和 λ 为空间相关系数，β 为参数向量。借助式（6.6），构建如下空间滞后模型和空间误差模型。

空间滞后模型的具体表达式为：

$$\ln CO_{2t} = c + \rho W_{\ln CO_{2t}} + \alpha_1 \ln NE_t + \alpha_2 \ln FE_t + \alpha_3 \ln GDP_t + \varepsilon \quad (6.7)$$

式（6.7）中，ρ 为空间回归系数，它反映了本书中 30 个省份之间的相互关系，即相邻省份对本省份的影响程度；W 为 $n \times n$ 的空间权重矩阵；$W_{\ln CO_2}$ 为空间权重矩阵 W 的空间滞后因变量，反映了空间距离对各个省份之间的作用；参数 α 反映了各个自变量对因变量的影响；ε 为随机误差项。

同时，本书也构建了如下空间误差模型：

$$\begin{cases} \ln CO_{2t} = c + \alpha_1 \ln NE_t + \alpha_2 \ln FE_t + \alpha_3 \ln GDP_t + \varepsilon \\ \varepsilon = \lambda W_\varepsilon + \mu \end{cases} \quad (6.8)$$

式（6.8）中，λ 为因变量向量的空间误差系数；ε 为随机误差项；μ 为正态分布的随机误差项量，其他定义与以上模型定义相同。

二、结果分析

本节运用 GeoDa 软件中的普通最小二乘法、空间滞后分析法和空间误差分析法分别对 1993 年、1998 年、2003 年、2008 年和 2013 年的中国农林生物质能源资源、农林生物质能源资源替代化石能源后剩余化石能源量、经济发展和二氧化碳排放量之间的关系进行了测算，表 6-4 反映了运用以上三种方法进行计算后所得的具体回归分析结果。从结果来看，三个回归分析模型的拟合优度 R^2 较好，均在 0.9 以上，但是从对数似然值来看，一般回归模型中的对数似然值相对空间回归模型的对数似然值较小，同时五年的 Moran's I 值分别为 -0.079、0.043、0.006、-0.008 和 0.009，说明一般回归分析模型残差存在一定的空间相关性，因此一般回归分析模型并不能充分反映出各个变量之间的空间关系，所以选用空间回归模型较为合适。从空间滞后模型和空间误差模型的研究结果来看，空间滞后模型的

拟合优度 R^2 除 1993 年之外始终大于空间误差模型的拟合优度，同时对数似然值也相对较大，因此选用空间滞后模型对本研究的变量关系进行解释更为合适。通过对空间滞后模型进行观察，可以得出以下几个方面的结论。

首先，中国农林生物质能源资源的潜在利用会对中国二氧化碳排放量产生正向影响作用。从表中农林生物质能源资源对二氧化碳排放量的影响系数来看，1993 年、1998 年、2003 年、2008 年和 2013 年的五年系数分别为 0.146、0.151、0.073、0.102 和 0.099，数值均为正数，同时各个系数在前四个时间段均通过了 1% 的显著性水平检验，在 2013 年通过了 5% 的显著性水平检验，因此可以说明，农林生物质能源资源的潜在利用也会增加中国二氧化碳的排放。

其次，中国化石能源的现有利用对中国二氧化碳排放量也产生正向影响作用，但是这种影响作用超过了农林生物质能源资源潜在利用的影响作用。从化石能源的影响系数来看，五年的系数分别为 0.689、0.774、0.970、1.009 和 1.083，并且同时通过了 1% 的显著性检验，因此充分说明中国化石能源的利用在较大程度上提高了二氧化碳的排放。将农林生物质能源资源潜在利用的影响系数与化石能源的影响系数进行比较后发现，农林生物质能源资源潜在利用的影响系数要远远小于化石能源利用的影响系数，这也充分说明中国农林生物质能源资源的潜在利用与化石能源利用相比可以在较大程度上减少二氧化碳排放量。

最后，经济发展对中国二氧化碳排放量的影响不稳定。从五年的回归分析结果来看，在前期经济的发展加速了中国二氧化碳的排放量，但在后期经济发展对二氧化碳排放量产生抑制作用。从影响系数的显著程度来看，经济发展对二氧化碳排放量的影响在 1993 年和 2003 年分别在 10% 和 5% 的水平上显著，其余时间并不显著。从影响系数的大小来看，五年时间其数据分别为 0.136、0.034、−0.104、−0.089 和 −0.150，影响系数较小，因此进一步说明在所构建的模型中经济发展对二氧化碳排放量的影响较小且不稳定。

表 6 - 4　　　　　　　　　　回归分析结果

年份	变量	一般回归模型	空间滞后模型	空间误差模型
1993	常数项	-2.799 *** (0.000)	-2.741 *** (0.000)	-2.911 *** (0.000)
	NE	0.147 *** (0.006)	0.146 *** (0.002)	0.159 *** (0.000)
	FE	0.689 *** (0.000)	0.689 *** (0.000)	0.677 *** (0.000)
	GDP	0.134 * (0.086)	0.136 * (0.055)	0.153 *** (0.008)
	ρ	—	-0.015	—
	λ	—		-0.658
	R^2	0.946	0.946	0.950
	对数似然值	6.873	6.887	7.619
	AIC 统计值	-5.746	-3.775	-7.238
	SC 统计值	-0.141	3.231	-1.633
1998	常数项	-3.038 *** (0.000)	-3.420 *** (0.000)	-2.956 *** (0.000)
	NE	0.140 *** (0.000)	0.151 *** (0.000)	0.146 *** (0.000)
	FE	0.772 *** (0.000)	0.774 *** (0.000)	0.760 *** (0.000)
	GDP	0.052 (0.399)	0.034 (0.553)	0.050 (0.403)
	ρ	—	0.098	—
	λ	—	—	0.265
	R^2	0.963	0.965	0.964
	对数似然值	15.245	16.246	15.435
	AIC 统计值	-22.491	-22.491	-22.869
	SC 统计值	-16.886	-15.485	-17.265
2003	常数项	-3.121 *** (0.000)	-3.347 *** (0.000)	-3.108 *** (0.000)
	NE	0.066 *** (0.007)	0.073 *** (0.000)	0.067 *** (0.002)
	FE	0.976 *** (0.000)	0.970 *** (0.000)	0.977 *** (0.000)
	GDP	-0.100 ** (0.050)	-0.104 ** (0.019)	-0.103 ** (0.025)
	ρ	—	0.057	—

年份	变量	一般回归模型	空间滞后模型	空间误差模型
2003	λ	—	—	0.075
	R^2	0.975	0.976	0.975
	对数似然值	23.222	23.696	23.229
	AIC 统计值	−38.445	−37.392	−38.458
	SC 统计值	−32.840	−30.386	−32.853
2008	常数项	−3.785 *** (0.000)	−4.265 *** (0.000)	−3.803 *** (0.000)
	NE	0.088 ** (0.015)	0.102 *** (0.002)	0.087 *** (0.006)
	FE	1.011 *** (0.000)	1.009 *** (0.000)	1.012 *** (0.000)
	GDP	−0.073 (0.397)	−0.089 (0.249)	−0.070 (0.364)
	ρ	—	0.107	—
	λ	—	—	−0.040
	R^2	0.953	0.956	0.953
	对数似然值	11.760	12.577	11.765
	AIC 统计值	−15.521	−15.154	−15.530
	SC 统计值	−9.916	−8.148	−9.925
2013	常数项	−3.816 *** (0.000)	−4.474 *** (0.000)	−3.784 *** (0.000)
	NE	0.083 * (0.079)	0.099 ** (0.022)	0.085 ** (0.044)
	FE	1.073 *** (0.000)	1.083 *** (0.000)	1.072 *** (0.000)
	GDP	−0.119 (0.299)	−0.150 (0.149)	−0.122 (0.245)
	ρ	—	0.139	—
	λ	—	—	0.043
	R^2	0.912	0.916	0.912
	对数似然值	2.973	3.749	2.979
	AIC 统计值	2.054	2.502	2.042
	SC 统计值	7.659	9.508	7.646

注：***、** 和 * 分别表示在1%、5%和10%的水平上显著。

第六章 中国农林生物质能源资源对碳排放和经济的潜在作用

第五节 本章小结

本章首先构造四要素的柯布－道格拉斯生产函数对 1993～2013 年中国农林生物质能源对经济作用的潜在产出弹性进行测算，之后利用区域重心方法计算了同一时间段农林生物质能源资源、环境和经济重心之间的距离，从整体上判断了三者之间的空间耦合关系。在此基础上，利用热点分析方法对区域间三者之间的空间耦合关系进行了分析，最后通过建立一般回归模型和空间回归模型，从整体上分析了农林生物质能源、环境和经济系统之间的相互关系。

通过计算中国农林生物质能源资源的潜在产出弹性得知，农林生物质能源资源对经济总产出的潜在贡献可达到 15.7%，农林生物质能源资源的潜在利用对中国经济的发展具有较强的潜在推动作用。1993～2013 年中国农林生物质能源资源的潜在产出弹性变化可以分为两个阶段，1993～2002 年为第一阶段，2003～2013 年为第二阶段。在第一阶段内，中国农林生物质能源资源的潜在产出弹性呈现下降的变化趋势；在第二阶段内，中国农林生物质能源资源的潜在产出弹性开始呈现上升的变化趋势。从区域重心分析结果来看，三者重心虽然没有完全吻合，但是不同年份三者重心之间的距离均较近，农林生物质能源资源、二氧化碳排放量和经济发展能够在重心距离方面表现出较强的耦合性；三者重心分布的集中程度也较为吻合；从地理范围来看，三者均处于河南省的范围之内，在地理范围方面也较为吻合；从三者重心的变动方向来看，二氧化碳排放重心与经济发展重心在五年内的变动方向大致相同。从整体空间集中程度来看，农业生物质能源资源重心与其他两者之间的空间分布较为集中，而林木生物质能源资源与其他两者之间的分布距离较远。从自身分布状况来看，农业生物质能源资源的空间分布相对较为分散，而林木生物质能源资源的空间分布相对较为集中。但是从整体上来看，农业生物质能源资源与二氧化碳排放和经济发展之间的整体空间耦合关系要高于林木生物质能源资源与两者之间的空间耦合关系。在区域空间耦合方面，从区域空间耦合关系的分布范围来看，山东及其周边省份为热点区域空间耦合关系较强的区域，即在该省份及其周边省份，中国农林生物质能源资源较为丰富，同时，该省份及其周边省份也是经济发展较为发达的区域，并且二氧化碳排放程度较高；从区域空间耦合关系的数量来看，具有空间耦合关系省份数量在1993年和1998年较多，2003年、2008年和2013年相对较少；农业生物质能源资源与其他两个要素的区域空间耦合性要优于林木生物质能源资源。在农业生物质能源资源、环境和经济三者相互作用关系方面，通过研究可知，中国农林生物质能源资源的潜在利用会对中国二氧化碳排放量产生正向影响作用；中国化石能源的现有利用对中国二氧化碳排放量也产生正向影响作用，但是这种影响作用超过了农林生物质能源资源潜在利用的影响作用；经济发展对中国二氧化碳排放量的影响不稳定。

第**七**章

中国农林生物质能源资源的潜在环境经济效益

中国农林生物质能源的发展具有较为积极的环境意义和经济意义。首先从环境效益来看，农林生物质能源的来源主要基于农林作物，农林作物的种植可以有效地提高土地的植被覆盖率，减轻水土流失和土壤侵蚀，具有一定的生态效益。除此之外，农林生物质能源的硫含量较低（煤炭的含硫量在1%~12%之间），并且氮含量也较低，因此在燃烧过程中所产生的硫化物和氮氧化物较少，可以起到有效的减排作用（张亚平等，2010；魏一鸣等，2006）。从经济效益方面来看，农林生物质能源的利用可以减少对传统化石能源的需求，有助于中国进行能源结构调整，缓解能源供需矛盾，通过农林生物质能源的有效开发利用，可以促进当地经济发展，尤其在农村经济发展方面尤为显著。因此，研究现阶段中国农林生物质能源资源的潜在环境和经济效益对今后农林生物质能源产业的发展具有重要的指导意义。本章主要从降低大气污染方面对农林生物质能源资源的潜在环境效益进行评价，具体包括潜在二氧化碳减排效益、潜在二氧化硫减排效益、潜在氮氧化物减排效益和潜在甲烷减排效益四个方面。由于当前农林生物质能源最终利用的方式以供热和发电居多（国家能源局，2012；米锋等，2013），因此在经济效益评价方面本章着重从供热和发电两方面进行评价。

第一节 中国农林生物质能源资源的潜在二氧化碳减排效益

当前，中国已经成为世界第二大经济体，在全球经济体系中的地位愈加重要，但同时能源消耗量和二氧化碳排放量也在不断增加。据世界气象组织测算，2020 年中国的碳排放量将达到 100 亿吨，占世界总量的 33%，因此在应对碳减排方面，中国面临着巨大的国际压力。农林生物质能源作为一种新型能源，由于具有碳零排放的特性，因此在未来的碳减排方面能够起到较为重要的积极作用。通过利用相关数据，本节针对中国农林生物质能源资源的潜在二氧化碳减排效益进行测算，可以从整体上把握当前中国农林生物质能源资源在碳减排方面所具有的潜力，并且把握当前中国不同区域的碳减排潜力分布状况。

一、中国农林生物质能源资源的潜在二氧化碳减排量计算

在本节的研究过程中，对中国农林生物质能源资源的潜在二氧化碳减排效益的评价主要从农林生物质能源资源可替代煤炭资源所产生的环境效益进行分析。在进行潜在二氧化碳减排效益计算时，主要运用以下公式进行测算：

$$EE_{co_2it} = Q_{1it} \times \alpha_{co_2} - Q_{2it} \times \beta_{co_2} \tag{7.1}$$

式中，i 表示第 i 个研究省份，取值为 1，2，…，30；t 表示第 t 年，分别为 1993 年、1998 年、2003 年、2008 年和 2013 年；EE_{co_2} 表示农林生物质能源资源的潜在二氧化碳减排量；Q_1 表示传统化石能源被农林生物质能源资源替代的潜在量；Q_2 表示农林生物质能源资源潜力；α_{co_2} 表示化石能源（煤炭）的二氧化碳排放系数；β_{co_2} 表示农林生物质能源资源的二氧化碳排放系数。因此上式中 $Q_{1it} \times \alpha_{co_2}$ 表示农林生物质能源未被利用时的二

氧化碳排放量，$Q_{2it} \times \beta_{co_2}$ 表示农林生物质能源得以利用时的二氧化碳排放量。由于本书假设全部农林生物质能源资源得以完全充分利用，因此 Q_1 和 Q_2 数值相等，所以式（7.1）可以进一步转化为：

$$EE_{co_2it} = Q_{it} \times (\alpha_{co_2} - \beta_{co_2}) \tag{7.2}$$

碳元素在农林生物质能源的利用过程中始终处于一个封闭的循环状态，植物通过光合作用将碳元素固定在植物之中，之后通过农林生物质能源的燃烧再次进入大气之中，再次循环过程中，碳元素的数量没有发生任何改变，因此可以认为农林生物质能源的开发利用不会造成碳元素的净积累（张亚平等，2010）。在本节中，将农林生物质能源燃烧利用的二氧化碳排放系数 β 取值为零。根据现有学者的研究文献，将化石能源（煤炭）的二氧化碳排放系数取值为 2554.31 千克每吨标准煤（IPCC，1996）。各地区的农林生物质能源资源潜力数据均来自以上章节的计算结果。

表 7-1 列出了 1993 年、1998 年、2003 年、2008 年和 2013 年中国农林生物质能源资源、农业生物质能源资源及林木生物质能源资源的潜在二氧化碳减排量及减排比例。从绝对数量来看，只有 2003 年出现小幅下降，其他时间段中国农林生物质能源资源的潜在二氧化碳减排量一直处于上升阶段，即随着农林生物质能源资源潜力的逐年提高，中国农林生物质能源资源的潜在利用在二氧化碳减排的绝对量方面具有较强的能力。但是从中国农林生物质能源资源潜在二氧化碳减排量占当年二氧化碳排放总量的比例来看，1998 年较 1993 年略有上升，为 19.63%，之后开始下降，2003 年该比例降为 13.54%，2008 年降为 9.25%，2013 年降为 7.92%。由此可见，虽然中国农林生物质能源资源的潜在二氧化碳减排量的绝对值在逐年上升，但是中国农林生物质能源资源潜力的增长速度远低于中国二氧化碳排放量的增长速度，因此导致虽然绝对量有所增加，但是相对量却在逐年降低。从农业生物质能源资源和林木生物质能源资源的潜在二氧化碳减排量来看，其减排变化过程也是在 2003 年出现小幅下降，但是总体来看随着时间的变动在逐步上升。从相对量的

变化过程来看，1993 年中国农业生物质能源资源的潜在二氧化碳减排量在当年二氧化碳排放总量中所占的比例达到 11.56%，之后 1998 年增加到 12.94%，但是增幅不大，从 2003 年开始逐步下降，2003 年比例为 8.68%，2008 年为 6.09%，2013 年为 5.3%。因此总体来看，农业生物质能源资源的潜在二氧化碳减排量的绝对量在逐步提高，但是在二氧化碳排放总量中所占的比例却逐步减小。中国林木生物质能源资源的潜在二氧化碳减排量变化情况与前者相同，也是在 2003 年的二氧化碳减排绝对量有所下降，总体来看 1993～2013 年其二氧化碳减排趋势呈现出绝对量增加的变动状态，但是在当年二氧化碳排放量中的相对比例却逐步减小。

表 7 – 1　　　部分年份农林生物质能源资源的潜在二氧化碳减排量及减排比例

年份	农林生物质能源资源		农业生物质能源资源		林木生物质能源资源	
	潜在二氧化碳减排量（万吨）	减排比例（%）	潜在二氧化碳减排量（万吨）	减排比例（%）	潜在二氧化碳减排量（万吨）	减排比例（%）
1993	54262	17.65	35537	11.56	18725	6.09
1998	60745	19.63	40055	12.94	20690	6.68
2003	55513	13.54	35610	8.68	19903	4.85
2008	66995	9.25	44111	6.09	22884	3.16
2013	74125	7.92	49583	5.30	24543	2.62

二、中国农林生物质能源资源的潜在二氧化碳减排效益区域分布

以上分析只是从整体上把握了当前中国农林生物质能源资源的潜在二氧化碳减排效益，但是由于中国农林生物质能源资源潜力的分布状况有所不同，地区经济发展的差异也使得能源需求和碳排放量有所不同，因此还需从区域的角度对中国农林生物质能源资源的潜在二氧化碳减排效益进行分析，以此掌握当前中国农林生物质能源资源的潜在二氧化碳减排分布状

况及其变化规律，同时也可掌握农业生物质能源资源和林木生物质能源资源在二氧化碳减排方面具有的差异和规律性。

（一）1993年潜在二氧化碳减排效益区域分布

1993年农林生物质能源资源的潜在二氧化碳减排能力最强的省份主要集中在四川、云南、河南和山东，具体来看，四川的二氧化碳减排潜力为5084万吨，云南减排潜力为3481万吨，河南减排潜力为3321万吨，山东减排潜力为3257万吨。除此之外，二氧化碳减排潜力较强的省份主要集中在中国的东北地区及中部地区，而西部地区及东南沿海的浙江和福建地区潜在二氧化碳减排能力则较弱。分别从农业生物质能源资源和林木生物质能源资源来看，1993年中国农业生物质能源资源的潜在二氧化碳减排量最强的省份主要为四川、河南、山东和江苏四个省份，而林木生物质能源资源的潜在二氧化碳减排量最强的省份则主要集中在四川和云南两省。两种生物质能源资源的二氧化碳减排潜力地理位置的分布也有所不同，农业生物质能源资源的潜在二氧化碳减排量较强的省份主要集中在东北及中国的西部地区，而林木生物质能源资源的潜在二氧化碳减排量较强的省份主要集中在中国的中部及部分西部省份，两者既有重合之处，也有互补之处。

（二）1998年潜在二氧化碳减排潜力区域分布

1998年与1993年相比中国农林生物质能源资源的二氧化碳减排潜力分布状况基本保持不变，即二氧化碳减排潜力最强的省份仍然为四川、云南、河南和山东，对应的潜在二氧化碳减排量分别为5138万吨、3961万吨、3683万吨和3520万吨，从总量上看，四个省份的潜在减排量与1993年相比均有提高。从农业生物质能源资源的潜在二氧化碳减排量分布来看，1998年减排能力最强区域仅包含山东和河南两个省份，与1993年相比减少两个，其他省份的减排潜力分布与1993年相比基本不变。1998年中国林木生物质能源资源的二氧化碳减排潜力分布状况与1993年相比没有发生任何变化，即减排能力最强的区域仍然为四川和云南两省，减排潜力较强区域主要集中在中国的中部及部分西部省份。

（三）2003 年潜在二氧化碳减排潜力区域分布

2003 年中国农林生物质能源资源的二氧化碳减排潜力分布与 1998 年相比具有小幅变化。该年进入潜在二氧化碳减排量最强区域的省份在 1998 年的基础上增加了广西，进入潜在减排潜力次强区域的省份在 1998 年的基础上增加了新疆。从具体数值来看，潜在二氧化碳减排能力最强区域中的四川、云南、广西、河南和山东五个省份的二氧化碳减排潜力分别为 4525 万吨、3662 万吨、3625 万吨、3351 万吨和 3066 万吨，在总量上与 1998 年相比略有下降。从农业生物质能源资源的二氧化碳减排潜力分布来看，与 1998 年相比四川又重新回到减排潜力最强的区域之中，同时广西也进入该区域，而广东从次强区域中退出，其他省份所处的区域类型与 1998 年相比没有发生变化。中国林木生物质能源资源的二氧化碳减排潜力的分布与 1998 年相比具有明显的变化，具体来看，内蒙古在该年进入到减排能力最强区域之中，除此之外，新疆、甘肃、青海和贵州四个省份也由原来潜在二氧化碳减排潜力较弱区域转移到减排潜力较强区域之中，整体上来看，林木生物质能源资源的潜在二氧化碳减排能力较强区域逐步向中国的西部地区推进。

（四）2008 年潜在二氧化碳减排潜力区域分布

2008 年中国农林生物质能源资源的二氧化碳减排潜力分布状况与 2003 年相比基本相同，具体来看，广东由原来的二氧化碳减排潜力较强省份转移到当前的较弱省份，内蒙古由原来的较强省份转移到潜在减排潜力最强省份行列之中。从处于二氧化碳减排潜力最强的六个省份来看，按照潜在减排量的大小依次为广西、四川、河南、云南、内蒙古和山东，潜在二氧化碳减排量分别为 5048 万吨、4921 万吨、4836 万吨、386 万吨、3845 万吨和 3737 万吨。从具体分布来看，分布范围较为分散。2003 年中国农业生物质能源资源的二氧化碳减排潜力分布与 2003 年相比具有小幅变化，这主要体现在潜在减排潜力较强区域上。在该年，减排潜力较强区域内的省份增加了新疆、内蒙古和四川三省，其中前两者均由减排潜力较弱区域转移到该区域，后者由最强区域转移到该区域。中国林生生物质能源资源的二氧化碳减排潜力分布在 2008 年基本上没有发生变化，吉林由原先的减排较弱区域转移到最弱区域之中，广东由原先的较强区域转移到最强区域之中。

（五）2013 年潜在二氧化碳减排潜力区域分布

2013 年中国农林生物质能源资源的二氧化碳减排潜力分布中最强区域的分布在原先的基础上增加了黑龙江一省，使其数量增加到七个。从整体上看，减排潜力最强区域分布较为分散，西南地区主要集中在广西、四川和云南三省，潜在二氧化碳减排量分别为 5471 万吨、5236 万吨和 423 万吨，华北地区集中在河南和山东两省，潜在减排量分别为 5005 万吨和 3952 万吨，北部地区主要集中在内蒙古和黑龙江两省，潜在减排量分别为 4691 万吨和 4342 万吨。中国农业生物质能源资源的二氧化碳减排潜力分布在 2013 年仅有浙江一省发生变化，其他省份所处类型未发生改变。林木生物质能源资源的二氧化碳减排潜力分布也仅有黑龙江和江西发生变化。

（六）1993～2013 年潜在二氧化碳减排潜力变化特征

从以上中国农林生物质能源资源的二氧化碳减排潜力分布状况来看，1993～2013 年主要表现出以下几个特征。

首先，从分布范围来看，中国农林生物质能源资源的二氧化碳减排潜力效益最高区域的分布主要集中在两个位置，即华北地区的山东、河南两省以及西南地区的四川、云南两省。二氧化碳减排潜力较强的区域主要围绕山东和河南两个省份分布，主要集中在中国的中部位置，二氧化碳减排潜力较弱的区域主要集中在中国的西部地区。整体来看，两极分化较为明显。

其次，从稳定性来看，中国农林生物质能源资源的二氧化碳减排潜力分布较为稳定。从五年的变化来看，减排潜力发生明显变动的省份数量较少，无论是农业生物质能源资源的减排潜力还是林木生物质能源资源的减排潜力，省份所处类型的变化幅度均较小，整体分布均较为稳定。

最后，从农业和林木生物质能源资源的潜在二氧化碳减排潜力分布范围来看，两者呈现出互补状态。农业生物质能源资源的潜在二氧化碳减排潜力的最高区域始终以山东和河南两省为主，减排效益较高区域主要围绕这两个省份分布，由东向西再次为减排潜力较低区域和减排潜力最低区域。而林木生物质能源资源的二氧化碳减排潜力分布状况与此相反，减排潜力的最高区域主要处于四川和云南两省，周边省份为减排潜力较高区域，由西向东再次为减排潜力的较低区域和最低区域。由此可见，两者形成了有效的互补。

第二节　中国农林生物质能源的其他环境效益

一、中国农林生物质能源的潜在二氧化硫减排效益

与测算中国农林生物质能源的潜在二氧化碳减排效益计算方法类似，潜在二氧化硫减排效益也主要是通过农林生物质能源替代化石能源（煤炭）所产生的环境效益进行测算。计算公式如下：

$$EE_{so_2it} = Q_{1it} \times \alpha_{so_2} - Q_{2it} \times \beta_{so_2} \qquad (7.3)$$

式（7.3）中，EE_{so_2} 表示农林生物质能源资源的潜在二氧化硫减排量；α_{so_2} 表示化石能源（煤炭）的二氧化硫排放系数；β_{so_2} 表示农林生物质能源资源的二氧化硫排放系数；其他字母含义与二氧化碳减排效益计算公式定义相同。同理，上式中的前半部分 $Q_{1it} \times \alpha_{so_2}$ 表示农林生物质能源未被利用时的二氧化硫排放量，$Q_{2it} \times \beta_{so_2}$ 表示农林生物质能源得以利用时的二氧化硫排放量。由于 Q_1 和 Q_2 数值相等，因此式（7.3）可以进一步转化为：

$$EE_{so_2it} = Q_{it} \times (\alpha_{so_2} - \beta_{so_2}) \qquad (7.4)$$

在此，根据联合国政府间气候变化专门委员会所公布的数据，取值化石能源（煤炭）的二氧化硫排放系数为 28.5 千克每吨标准煤，取值农林生物质能源的二氧化硫排放系数为 0.0574 千克每吨标准煤（IPCC，1996）。

表 7-2 反映了 1993 年、1998 年、2003 年、2008 年和 2013 年中国农林生物质能源资源、农业生物质能源资源和林木生物质能源资源的二氧化硫减排潜力的变动情况。从表中可以看出，1993 年中国农林生物质能源的潜在二氧化硫减排量为 604 万吨，在 1998 年增加到 676 万吨；2003 年略有下降，但是仍然高于 1993 年的水平，其潜在二氧化硫减排量为 618 万吨；2008 年潜在二氧化硫减排量大幅提高，为 746 万吨，到 2013 年其潜在减排水平增加到 825 万吨。从整个时间段来看，1993~2013 年中国农林生物质能源资源的二氧化硫减排潜力在逐步提高。从具体的农业和林木生物质能源资源的潜在减排水平来看，农业生物质能源资源的潜在二氧化硫减排量在 1993 年为 395 万吨，1998 年增加到 446 万吨，2003 年略有下降，为 396 万吨，2008 年增加到 491 万吨，最终在 2013 年达到 552 万吨。整体来看，随着时间的变化其潜在二氧化硫减排水平也在不断提高。但林木生物质能源资源的潜在二氧化硫减排水平变化却有所不同，1993 年的减排水平为 209 万吨，1998 年为 230 万吨，2003 年为 222 万吨，2008 年达到 255 万吨，最终在 2013 年达到 273 万吨。虽然潜在二氧化硫减排总量的绝对值在不断上升，但总体来看上升幅度不大，潜在二氧化硫减排水平始终维持在区间 [209，273] 万吨以内。由此可见，中国农业生物质能源资源在潜在二氧化硫减排方面所起的作用要远远高于林木生物质能源资源的潜在减排水平。

表 7-2　　　　部分年份农林生物质能源资源的潜在二氧化硫减排量　　　单位：万吨

年份	农林生物质能源资源的潜在二氧化硫减排量	农业生物质能源资源的潜在二氧化硫减排量	林木生物质能源资源的潜在二氧化硫减排量
1993	604	395	209
1998	676	446	230
2003	618	396	222
2008	746	491	255
2013	825	552	273

二、中国农林生物质能源的潜在氮氧化物减排效益

中国农林生物质能源资源的潜在氮氧化物减排效益也主要是通过农林生物质能源替代化石能源（煤炭）所产生的潜在氮氧化物减排潜力进行度量。在此运用以下公式计算：

$$EE_{no_x it} = Q_{1it} \times \alpha_{no_x} - Q_{2it} \times \beta_{no_x} \tag{7.5}$$

式中，EE_{no_x} 表示农林生物质能源资源的潜在氮氧化物减排量；Q_1 表示传统化石能源被农林生物质能源资源替代的潜在量；Q_2 表示农林生物质能源资源潜力；α_{co_2} 表示化石能源（煤炭）的氮氧化物排放系数；β_{co_2} 表示农林生物质能源资源的氮氧化物排放系数。因此上式中 $Q_{1it} \times \alpha_{no_x}$ 表示农林生物质能源未被利用时的氮氧化物排放量，$Q_{2it} \times \beta_{no_x}$ 表示农林生物质能源得以利用时的氮氧化物排放量。由于 Q_1 和 Q_2 数值相等，因此上式可以进一步转化为：

$$EE_{no_x it} = Q_{it} \times (\alpha_{no_x} - \beta_{no_x}) \tag{7.6}$$

根据联合国政府间气候变化专门委员会的公布数据，本研究取值化石能源（煤炭）的氮氧化物排放系数为 7.04 千克每吨标准煤，取值农林生物质能源的氮氧化物排放系数为 1.95 千克每吨标准煤（IPCC，1996）。

表 7-3 体现了 1993 年、1998 年、2003 年、2008 年和 2013 年中国农林生物质能源资源的潜在氮氧化物减排量。从表中可以看出，1993 年中国农林生物质能源资源的潜在氮氧化物减排量为 108 万吨，1998 年增加为 121 万吨，2003 年略有下降，为 111 万吨，2008 年达到 134 万吨，最终在 2013 年其潜在氮氧化物减排量达到 148 万吨。总体来看，中国农林生物质能源资源的潜在氮氧化物减排量在不断提高。具体来看，中国农业生物质能源资源的潜在氮氧化物减排量也是在逐年提高，1993 年为 71 万吨，1998 年为 80 万吨，2003 年为 71 万吨，2008 年达到 88 万吨，2013 年为 99 万吨。中国林木生物质能源资源的潜在氮氧化物减排量与农业生物质能源资源相比其减排比例仅为一半左右，1993 年林木生物质能源资源的潜在氮

氧化物减排量为 37 万吨，1998 年为 41 万吨，2003 年为 40 万吨，2008 年为 46 万吨，2013 年达到 49 万吨。

表 7 - 3　　　部分年份农林生物质能源资源的潜在氮氧化物减排量　　单位：万吨

年份	农林生物质能源资源的潜在氮氧化物减排量	农业生物质能源资源的潜在氮氧化物减排量	林木生物质能源资源的潜在氮氧化物减排量
1993	108	71	37
1998	121	80	41
2003	111	71	40
2008	134	88	46
2013	148	99	49

三、中国农林生物质能源的潜在甲烷减排效益

与以上各类温室气体的减排效益计算原理相同，农林生物质能源利用的潜在甲烷减排效益也主要是通过农林生物质能源替代化石能源（煤炭）后的气体减少数量进行衡量。但是由于甲烷与其他排放气体有所不同，其本身就是一种生物质能源，因此本书主要通过利用以下公式计算农林生物质能源的潜在甲烷减排效益：

$$EE_{CH_4it} = Q_{1it} \times \alpha_{CH_4} \tag{7.7}$$

式中，EE_{CH_4} 表示农林生物质能源资源的潜在甲烷减排量；α_{CH_4} 表示化石能源（煤炭）的甲烷系数；因此上式中 $Q_{1it} \times \alpha_{CH_4}$ 表示农林生物质能源未被利用时的甲烷排放量，同样根据联合国政府间气候变化专门委员会所公布的数据，化石能源（煤炭）的甲烷排放系数取值为 127.67 千克每吨标准煤。

表 7 - 4 反映了 1993 年、1998 年、2003 年、2008 年和 2013 年中国农林生物质能源资源的潜在甲烷减排量。从中可以看出，1993 年中国农林生物质能源资源的潜在甲烷减排量为 2712 万吨，1998 年增加到 3036 万吨，2003 年略有下降，为 2775 万吨，2008 年为 3349 万吨，2013 年

达到 3705 万吨。中国农业生物质能源资源的潜在甲烷减排量在五年的时间分别为 1776 万吨、2002 万吨、1780 万吨、2205 万吨和 2478 万吨，中国林木生物质能源资源的潜在甲烷减排量在五年的时间分别为 936 万吨、1034 万吨、995 万吨、1144 万吨和 1227 万吨，由此可见农业生物质能源资源和林木生物质能源资源的潜在甲烷减排量随着时间的变化在不断增加。这表明中国农林生物质能源资源的利用在甲烷气体排放减排方面具有较大的作用。

表 7 – 4　　　　　部分年份农林生物质能源资源的潜在甲烷减排量　　　单位：万吨

年份	农林生物质能源资源的潜在甲烷减排量	农业生物质能源资源的潜在甲烷减排量	林木生物质能源资源的潜在甲烷减排量
1993	2712	1776	936
1998	3036	2002	1034
2003	2775	1780	995
2008	3349	2205	1144
2013	3705	2478	1227

第三节　中国农林生物质能源利用的潜在经济效益

农林生物质能源资源具有可再生性、环保性等特征，通过前几章节的计算可知，中国农林生物质能源资源潜力巨大，并且资源分布也较为稳定，因此对现有的农林生物质能源资源进行充分利用，可产生一定的经济效益。从现有的研究文献来看，评价生物质能源经济效益的角度较多，如对单一种类的农林生物质能源经济效益进行评价，对某一用能单位的农林生物质能源进行评价等，但总体来看，当前中国现有的农林生物质能源资源的主要利用方式为供热和发电，《生物质能发展"十二五"规划》中也明确提出生物质能源发电达到 780 亿千瓦时（其中农林生物质发电 480 亿千瓦时），生物质能源供气 220 亿立方米，折合成标准煤后两者在生物质能源利用领域中所占比例达 80.69%（国家能源局，2012）。由此可见，两种利用方式在中国生物质能源所有利用方式中所占比例最高。因此在本节中，基于现有的公开数据，着重从宏观的角度对中国农林生物质能源资源供热利用和发电利用的潜在经济效益进行分析。

一、农林生物质能源供热利用的潜在经济效益

农林生物质能源供热主要是指农作物秸秆、农业加工剩余物和林木剩余物等资源经过物理压制形成棒状、块状、颗粒状的成型燃料，在生物质成型燃料锅炉内经燃烧产生热力，以用于工业及居民家庭。中国农林生物质能源资源较为丰富，农林生物质能源在供热方面替代煤炭资源具有较强的可行性，有学者预测，中国每年农林生物质成型燃料在供热方面可替代散煤的比例可高达75%（王仲颖，2014）。目前从全球来看，西欧等发达国家在农林生物质供热方面已经形成较为完善的体系。如芬兰的农林生物质能源资源供热在全国热力消费总量中所占比重高达43%，丹麦高达28%，奥地利高达31%。农林生物质能源资源供热项目与常规能源供热项目相比在运输、布局方面具有较大的优势，其生产利用方式主要是原材料当地收集、产品当地生产和当地利用，因此布局较为分散、利用较为灵活，具有较强的适应性。因此，通过研究当前各区域内的农林生物质能源资源供热方面的潜在经济效益，可以有效地把握其分布特征规律，对今后中国农林生物质能源资源供热等方面的政策制定具有较强的借鉴意义。

（一）计算方法和数据来源

为了研究农林生物质能源资源供热所产生的潜在经济效益，本节利用替代效益原理计算潜在经济效益值，即利用供热时农林生物质能源资源替代部分煤炭资源所节约的这部分价值成本，作为农林生物质能源资源在供热利用方面所产生的经济效益值。在此，利用以下计算公式进行测算：

$$V = P_c \times Q_c = P_c \times \frac{Q_{af} \times \alpha_{af} \times \beta_{af} \times \gamma_{af}}{\alpha_c \times \beta_c} \qquad (7.8)$$

式（7.8）中，V 表示农林生物质能源资源供热时的潜在经济效益；

Q_c 表示供热过程中农林生物质能源资源可替代化石能源（煤炭）的总量；P_c 表示煤炭资源的当年价格；Q_{af} 表示农林生物质能源资源潜力；α_{af} 表示农林生物质能源供热产率；β_{af} 表示农林生物质能源热效率；γ_{af} 表示农林生物质能源的热值；α_c 表示煤炭资源的供热产率；β_c 表示煤炭资源的热值。

以上指标中农林生物质能源资源潜力数据主要利用之前章节中所测算的数据结果，农林生物质能源资源的供热产率值和热效率值主要来自张培栋等（2007）的研究文献，数值分别取 2.39 立方米每千克和 55%，煤炭热效率值来自王亚静等（2010）的研究文献，取值 35%，其他热值数据主要来自历年的《中国能源统计年鉴》。煤炭价格数据主要来自历年的中央财政煤炭企业商品煤平均售价数据，由于该数据缺少 2012 年和 2013 年的数值，因此本研究通过对 2013 年的煤炭价格数据进行了预测，以此利用2013 年的预测数据作为该年的煤炭价格。根据所公布的 1990 ~ 2011 年的中央财政煤炭企业商品煤平均售价数据，通过模拟后建立如下指数形式的方程模型：$y = 68.343e^{0.08445x}$（$R^2 = 0.91247$），以此预测 2012 年和 2013 年的煤炭价格分别为每吨 477.25 元和每吨 519.33 元。

（二）潜在经济效益计算

通过利用以上计算公式及相应数据，本节测算了 1993 年、1998 年、2003 年、2008 年和 2013 年中国农林生物质能源资源供热利用的潜在经济效益，五年数值分别为 439.78 亿元、659.03 亿元、637.61 亿元、1885.38亿元和 2570.24 亿元。从中可以看出，随着时间的变化，中国农林生物质能源资源供热利用的潜在经济效益在不断增加，其中 2003 年到 2008 年变化过程中所增加的效益值较高，除了农林生物质能源资源量增加这个因素之外，其主要是由于中国煤炭价格的变化造成的，2003 年的煤炭价格仅为每吨 173.54 元，而 2008 年时期价格为每吨 418.55 元。具体从农业生物质能源资源供热利用的潜在经济效益来看，五年的数值分别为 290.81 亿元、436.39 亿元、407.4 亿元、1245.67 亿元和 1726.38 亿元，林木生物质能源资源的潜在经济效益值五年数值分别为 148.98 亿元、222.63 亿元、230.21 亿元、639.71 亿元和 843.86 亿元。由此可见，农业生物质能源资源供热利用的潜在经济效益较大，且随着时间的变化在不断增长。

为了进一步研究中国农林生物质能源资源供热利用的潜在经济效益状况，笔者对测算的各个省份的效益值进行了具体的区域分析，在此主要运用自然断裂法对五年数据进行分析。

1993年，第一层次区域的数量范围为［23.750001，39.970000］亿元，处于该层次区域内的省份主要有山东、河南、四川和云南四个省份。从资源量的角度来看，四个省份在1993年也均处于较高层次水平，山东和河南两省在农业生物质能源资源方面具有较高的潜在资源量，四川和云南两省在林木生物质能源资源方面具有较高的潜在资源量。1993年第二层次区域的数量范围为［14.840001，23.750000］亿元，处于该层次水平的省份较多，主要有黑龙江、内蒙古、河北、江苏、安徽、湖北、湖南、广西、广东、江西等10个省份，在整个研究区域中占到1/3。第三层次区域的数量范围为［4.140001，14.840000］亿元，处于该层次水平的省份数量在研究区域中所占的比例也高达1/3，具体来看，处于该层次水平的省份主要有新疆、甘肃、陕西、山西、吉林、辽宁、重庆、贵州、浙江和福建，共计10个省份。第四层次区域的数量范围为［1.290000，4.140000］亿元，处于该层次水平的省份主要有青海、宁夏、海南、北京、天津和上海。整体来看，1993年绝大部分省份的农林生物质能源资源供热利用的潜在经济效益处于中间水平，两极分化现象不明显。从区域范围来看，1993年供热利用潜在经济效益较高的区域主要集中在中国的中部地区及西南地区，潜在经济效益较低的区域主要分布在中国的西北地区。

1998年中国农林生物质能源资源供热利用的潜在经济效益区域分布与1993年相比基本上没有发生变化，但是在数量范围方面发生了较大变化。1993年供热利用潜在经济效益的四个层次水平从高到低依次为［35.360001，53.660000］亿元、［21.390001，35.360000］亿元、［6.570001，21.390000］亿元和［1.760000，6.570000］亿元。由此可见，四个层次中的最大值和最小值与1993年相比均有所提高，因此可以说明1998年中国农林生物质能源资源利用的潜在经济效益的整体提高并不是由于个别省份的提高引起的，而是由于各个省份的共同提高所引起的。从分布范围来看，与 1993 年相比仅吉林省所处层次区域有所不同，其他省份均与 1993 年保持一致。

2003 年中国农林生物质能源资源供热利用的潜在经济效益与 1998 年相比发生了明显的变化。首先从数量变化方面来看，该年四个层次区域类型的数量范围分别为 ［30.150001，50.470000］ 亿元、［18.360001，30.150000］亿元、［5.530001，18.360000］ 亿元和 ［1.000000，5.530000］ 亿元。从中可以看出，每个层次区域的数量范围与 1998 年相比最大值和最小值均下降 3 亿元左右。但是与 1993 年相比，第一层次中的最大值和第四层次中的最小值分别高于 1993 年的最大值和最小值，因此可以看出，2003年中国农林生物质能源资源供热利用的潜在经济效益出现两极分化的现象。从区域分布来看，处于第一层次的省份主要有山东、河南、四川、云南、湖南和广西六省，处于第二层次的省份主要有黑龙江、吉林、辽宁、内蒙古、河北、江苏、安徽、湖北、江西、广东和新疆 11 个省份，处于第三层次的省份主要有青海、甘肃、陕西、山西、重庆、贵州、浙江和福建八省，处于第四层次的省份主要有宁夏、海南、北京、天津、上海五省。

2008 年中国农林生物质能源资源供热利用的潜在经济效益分布与 2003年相比变化较大。首先在潜在经济效益数量方面，四种不同层次区域类型的最大值和最小值与 2003 年相比增加 2 倍左右，2008 年的数量范围分别为 ［106.850001，142.510000］ 亿元、［63.570001，106.850000］ 亿元、［25.450001，63.570000］ 亿元和 ［2.720000，25.450000］ 亿元。与 2003年相比，区域分布变化也较大，具体来看，山东、湖南进入第二层次区域中，吉林、辽宁、江西和广东进入第三层次区域中。

2013 年中国农林生物质能源资源供热利用的潜在经济效益分布与之前相比也略有变化。从潜在资源量的数量变化来看，与之前相比有所增加，但在第四层次区域的最小值与之前年份相比仍然较低，为 3.22 亿元。除此之外，本年的变化更多体现在区域分布上。第一层次水平中的省份主要包括山东、河南、四川、云南、广西、黑龙江和内蒙古。第二层次水平中的省份主要包括吉林、河北、江苏、安徽、湖北、湖南和新疆。第三层次水平中的省份主要包括甘肃、陕西、山西、辽宁、贵州、江西、广东和福建。第四层次水平中的省份主要包括青海、宁夏、重庆、浙江、海南、北京、天津和上海。由此可见，到 2013 年，中国农林生物质能源资源供热利用的潜在经济效益已经发生了明显的两极分化现象。

从以上的分析中可以看出，从 1993 年至 2013 年，中国农林生物质能源资源供热利用的潜在经济效益主要发生了以下两个方面的变化。第一，经济效益数量明显增加，逐步呈现出两极分化的现象。开始之初，中国农林生物质能源供热利用的潜在经济效益呈现出较为稳定的增长变化，并且各个省份潜在经济效益的增加使得全国总量得以增加。之后，部分省份的潜在经济效益呈现出快速增加的态势，但是仍有部分省份的潜在经济效益处于较低水平，因此导致两极分化现象的出现。第二，中国农林生物质能源供热利用的潜在经济效益整体分布区域聚集现象较为明显，西北地区的省份其潜在经济效益均较低，较高区域主要集中在西南地区、东北地区及山东、河南等东部地区。

二、农林生物质能源发电利用的潜在经济效益

近年来，随着中国电力供求的日益紧张，可再生能源发电行业快速发展，其中，农林生物质能源发电是可再生能源利用的一种重要形式，它主要是利用生物质本身所具有的生物质能进行发电。中国从 1987 年起开始生物质能发电技术研究，截至 2013 年中国已有 28 个省份开发了生物质能发电项目，生物质能源发电产业在中国得到快速发展，由此可见，评价中国农林生物质能源发电所存在的潜在经济效益尤为必要。

（一）计算方法和数据来源

本节运用以下公式对中国农林生物质能源资源发电所产生的潜在经济效益进行测算：

$$V = P_c \times Q_c = P_c \times \frac{Q_{af} \times \delta_{af}}{\delta_c} \tag{7.9}$$

式（7.9）中，V 表示农林生物质能源资源发电利用的潜在经济效益；P_c 表示煤炭资源的当年价格；Q_c 表示发电过程中农林生物质能源资源可替代化石能源（煤炭）的总量；Q_{af} 表示农林生物质能源资源潜力；δ_{af} 表示农林生物质能源资源发电率；δ_c 表示化石燃料（煤炭）发电产率。农林生物质能源资源和化石燃料的发电产率来自米锋等（2013）和张培栋等（2007）的研究文献，分别取值 1.8 千瓦时每千克和 1.44 千瓦时每千克。其他数据与测算供热利用时的数据来源相同。

（二）潜在经济效益的计算

通过利用公式（7.9），笔者对 1993 年、1998 年、2003 年、2008 年和 2013 年中国农林生物质能源资源发电利用的潜在经济效益进行了测算。通过测算得知，五年的潜在经济效益值分别为 635.18 亿元、951.84 亿元、920.92 亿元、2723.09 亿元和 3712.25 亿元。由此可见，随着农林生物质能源资源量的增加及煤炭价格的不断上涨，中国农林生物质能源资源发电利用的潜在经济效益在不断增加。从农业生物质能源资源发电利用的潜在经济效益来看，五个年份的潜在经济效益分别为 420.02 亿元、630.29 亿元、588.42 亿元、1799.15 亿元和 2493.45 亿元，林木生物质能源资源发电利用的潜在经济效益在五个年份分别为 215.17 亿元、321.55 亿元、332.5 亿元、923.94 亿元和 1218.8 亿元，农业生物质能源资源发电利用所带来的潜在经济效益高于林木生物质能源资源的潜在经济效益。

笔者还利用自然断裂法对中国农林生物质能源资源发电利用的潜在经济效益进行了分析。从地理分布的角度来看，发电利用的潜在经济效益分布与供暖利用的潜在经济效益分布基本相同。但是从不同层次区域的具体数值范围来看，两者之间的差异较大。在农林生物质能源资源发电利用的潜在经济效益方面，1993 年四个层次区域按照从高到低的顺序其数量范围分别是［34.30001，57.730000］亿元、［21.430001，34.300000］亿元、［5.980001，21.430000］亿元和［1.870000，5.980000］亿元；1998 年分别为［51.070001，77.500000］亿元、［30.890001，51.070000］亿元、

[9.490001，30.890000] 亿元和 [2.540000，9.490000] 亿元；2003年分别为 [43.540001，72.900000] 亿元、[25.520001，43.540000] 亿元、[7.980001，26.520000] 亿元和 [1.440000，7.980000] 亿元；2008 年分别为 [154.320001，205.840000] 亿元、[91.820001，154.320000] 亿元、[36.750001，91.820000] 亿元和 [3.920000，36.750000] 亿元；2013 年分别为 [169.430001，273.000000] 亿元、[119.590001，169.430000] 亿元、[57.280001，119.590000] 亿元和 [4.650000，57.280000] 亿元。从中可以看出，1993～2013 年发电利用的潜在经济效益在不断增加，但是第一层次区域最大值的增加范围要远远高于第四层次最小值的增加范围，因此中国农林生物质能源资源发电利用的潜在经济效益在整体区域中的分布也存在一定的分化现象。

第四节　中国农林生物质能源资源潜在环境经济效益的聚类分析

　　以上对中国农林生物质能源资源的潜在环境和经济效益进行了测算，通过测算发现，某些省份在环境方面存在较大的潜在效益，而部分地区在经济方面存在较大的潜在效益。因此为了对研究省份进行综合评价，本节运用聚类分析方法对中国各个省份的农林生物质能源资源的潜在环境和经济效益进行分类分析，以此从整体上判断潜在环境和经济效益较强区域。聚类分析是对研究对象进行分类的一种统计分析方法，本节主要是针对所测算的具体潜在环境和经济效益指标等变量作为具体属性，通过进行聚类分析把潜在环境和经济效益较高的区域聚为一类，其具体研究结果是在所获得的类群中，不同类省份之间潜在环境和经济效益相似性较小，同一类省份之间的潜在环境和经济效益具有较大的相似性。在具体方法方面，本节主要运用层次聚类分析方法对研究对象进行分析。层次聚类分析在研究之前并不确定 30 个研究省份具体要分为多少个类别，研究前把每一个研究省份作为一类，之后进行层层聚类。

一、量纲化处理

在本节中，具体选取中国农林生物质能源资源的潜在二氧化碳减排量、潜在二氧化硫减排量、潜在氮氧化物减排量、潜在甲烷减排量、潜在供热效益和潜在发电效益作为聚类分析的具体指标，只选取2013年各省份的测算数据作为研究数据。由于所选取的指标之间具有不同的计量单位，同时在数值方面相差也较大，因此为了避免量纲、变量差异和数据大小等研究数据本身所存在的问题，首先对以上数据进行标准化处理，以此保证研究结果的合理性（见表7-5）。

表 7 - 5　　　　　　　　　2013 年聚类分析原始数据标准化后数据

省份	潜在 CO_2 减排量	潜在 SO_2 减排量	潜在 NO_x 减排量	潜在 CH_4 减排量	潜在供热效益	潜在发电效益
北京	-1.434	-1.434	-1.434	-1.434	-1.458	-1.458
天津	-1.460	-1.460	-1.460	-1.460	-1.487	-1.487
河北	0.517	0.517	0.517	0.517	0.500	0.500
山西	-0.547	-0.547	-0.547	-0.547	-0.589	-0.589
内蒙古	1.395	1.395	1.395	1.395	1.198	1.198
辽宁	-0.104	-0.104	-0.104	-0.104	-0.074	-0.074
吉林	0.290	0.290	0.290	0.290	0.227	0.227
黑龙江	1.176	1.176	1.176	1.176	1.227	1.227
上海	-1.500	-1.500	-1.500	-1.500	-1.522	-1.522
江苏	0.148	0.148	0.148	0.148	0.243	0.243
浙江	-0.978	-0.978	-0.978	-0.978	-0.914	-0.914
安徽	0.311	0.311	0.311	0.311	0.368	0.368
福建	-0.744	-0.744	-0.744	-0.744	-0.723	-0.723
江西	-0.184	-0.184	-0.184	-0.184	-0.053	-0.053
山东	0.931	0.931	0.931	0.931	0.938	0.938
河南	1.592	1.592	1.592	1.592	1.587	1.587

省份	潜在CO_2减排量	潜在SO_2减排量	潜在NO_x减排量	潜在CH_4减排量	潜在供热效益	潜在发电效益
湖北	0.364	0.364	0.364	0.364	0.392	0.392
湖南	0.433	0.433	0.433	0.433	0.584	0.584
广东	− 0.188	− 0.188	− 0.188	− 0.188	− 0.112	− 0.112
广西	1.885	1.885	1.885	1.885	1.908	1.908
海南	− 1.274	− 1.274	− 1.274	− 1.274	− 1.237	− 1.237
重庆	− 0.841	− 0.841	− 0.841	− 0.841	− 0.849	− 0.849
四川	1.738	1.738	1.738	1.738	1.688	1.688
贵州	− 0.514	− 0.514	− 0.514	− 0.514	− 0.551	− 0.551
云南	1.105	1.105	1.105	1.105	1.119	1.119
陕西	− 0.322	− 0.322	− 0.322	− 0.322	− 0.320	− 0.320
甘肃	− 0.303	− 0.303	− 0.303	− 0.303	− 0.390	− 0.390
青海	− 0.778	− 0.778	− 0.778	− 0.778	− 0.874	− 0.874
宁夏	− 1.282	− 1.282	− 1.282	− 1.282	− 1.316	− 1.316
新疆	0.565	0.565	0.565	0.565	0.491	0.491

二、聚类结果分析

本节的层次聚类分析通过 SPSS 统计软件进行分析，所选取的研究方法为离差平方和法（Ward's Method），距离采用欧氏距离平方法（Squared Euclidean Distance）。表 7 – 6 为研究省份的聚类过程表，从表中可以看出，开始之初样本 1 和样本 2 各位一类，但在第 1 阶时两者聚为一类，之后样本 1 在第 9 阶与样本 9 聚为一类。如此类推，样本 1 在第 20 阶与样本 21 出现聚类，在第 26 阶与样本 21 出现聚类，在第 28 阶与样本 3 聚为一类。在二阶时样本 14 和样本 19 首次出现集聚，之后的聚类方式与样本 1 相同，在不同的阶段与不同研究对象出现聚类现象，直至最后与所有研究对象合为一个大类。

表 7-6

研究省份聚类过程表

阶	群集组合		系数	首次出现阶群集		下一阶
	群集 1	群集 2		群集 1	群集 2	
1	1	2	0.002	0	0	9
2	14	19	0.006	0	0	10
3	4	24	0.009	0	0	21
4	3	30	0.014	0	0	14
5	26	27	0.020	0	0	21
6	12	17	0.026	0	0	13
7	21	29	0.032	0	0	20
8	22	28	0.041	0	0	12
9	1	9	0.052	1	0	20
10	6	14	0.070	0	2	24
11	8	25	0.091	0	0	18
12	13	22	0.129	0	8	17
13	7	12	0.166	0	6	16
14	3	18	0.208	4	0	23
15	16	23	0.261	0	0	19
16	7	10	0.362	13	0	23
17	11	13	0.485	0	12	26
18	5	8	0.659	0	11	22
19	16	20	0.885	15	0	25
20	1	21	1.161	9	7	26
21	4	26	1.443	3	5	24
22	5	15	1.792	18	0	25
23	3	7	2.307	14	16	27
24	4	6	3.283	21	10	27
25	5	16	6.907	22	19	29
26	1	11	11.057	20	17	28
27	3	4	21.038	23	24	28
28	1	3	67.272	26	27	29
29	1	5	174.000	28	25	0

图 7 – 1 显示了层次聚类分析树状图，图的第一列为层次聚类分析的研究对象，本节为中国的 30 个省份，第二列为研究对象编号，图中线的长短表示类别之间相对距离的远近。从图中可以看出，在距离为 10 时，所有研究对象可以分为三大类，第一类主要包括北京、天津、上海、海南和宁夏 5 个省份，第二类主要包括河北、新疆、湖南、安徽、湖北、吉林、江苏、陕西、甘肃、江西、广东、辽宁、山西、贵州、重庆、青海、福建和浙江

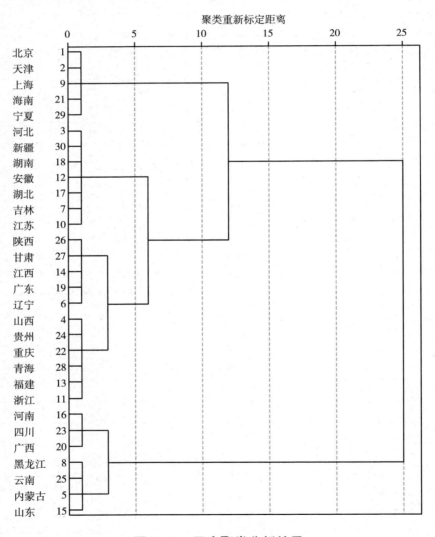

图 7 – 1　层次聚类分析结果

18 个省份，第三类主要包括河南、四川、广西、黑龙江、云南、内蒙古和山东 7 个省份。若按照距离为 5 进行分类，以上三大类中的第一类和第三类所含研究对象不变，但第二类又可以分为两个小类。第一小类主要包括河北、新疆、湖南、安徽、湖北、吉林和江苏七个省份，剩余省份为第二小类。

在第一类别中，各个研究对象的农林生物质能源资源利用的潜在环境和经济效益均较小。2013 年中国农林生物质能源资源利用的潜在二氧化碳减排量为 74125 万吨，潜在二氧化硫减排量为 825 万吨，潜在氮氧化物减排量为 148 万吨，潜在甲烷减排量 3705 万吨，供热利用的潜在经济效益为 2579.24 亿元，发电利用的潜在经济效益为 3712.25 亿元。30 个省份的全国平均值分别为 2471 万吨、28 万吨、5 万吨、123 万吨、85.67 亿元和 123.74 亿元，但第一类别中的省份其平均值仅为 259 万吨、3 万吨、0.5 万吨、13 万吨、9.6 亿元和 13.87 亿元，远远低于全国平均水平。在第三类别中，七个省份的农林生物质能源资源利用的潜在环境和经济效益相对较高，2013 年的平均值分别为 4704 万吨、52 万吨、9 万吨、235 万吨、160.47 亿元和 231.77 亿元，远远高于全国平均水平。第二类别中第一小类七个省份在 2013 年的平均值分别为 3068 万吨、34 万吨、6 万吨、153 万吨、107.38 亿元和 155.1 亿元，各个指标的平均水平略高于全国平均水平，但第二小类中 11 个省份的平均值分别 1675 万吨、19 万吨、3 万吨、84 万吨、58.84 亿元和 84.98 亿元，其平均水平与全国平均水平相比略低。

通过以上分析可以发现，中国农林生物质能源资源的潜在环境经济效益在不同区域间差异较大，因此今后中国农林生物质能源产业的发展应注重各个省份之间的具体差异，必须要分区域对待。中国农林生物质能源产业的发展应该以资源的分布为导向进行规划布局。农林生物质能源产品的生产主要来自农林作物，而农林作物的分布及类型在较大程度上依赖于自然资源状况，因此以资源为导向进行产业布局是进行布局规划的基础。根据本节的结论，中国的农林生物质能源资源潜力较高的区域主要集中于华北区域、西南区域和东北区域，因此这三个区域应该列为农林生物质能源发展的优先区域，同时兼顾农林生物质能源资源的潜在环境效益和经济效益的区域分布状况。总体来看，中国农林生物质能源产业应该着重在以上聚类分析中的第一类区域中发展，同时根据第一区域中省份所处位置的不同形成农林生物质能源产业发展的集聚中心，即以山东和河南为主的华北地区农林生物质能源产业发展中心、以四川、云南和广西为主的西南地区农林生物质能源产业发展中心和以黑龙江、内蒙古为主的东北地区农林生物质能源产业发展中心。

第五节 本章小结

　　本章对中国农林生物质能源资源利用的潜在环境和经济效益进行了评价，同时运用聚类分析方法对区域进行了分类分析。在潜在环境效益方面，主要从农林生物质能源利用的潜在二氧化碳减排量、潜在二氧化硫减排量、潜在氮氧化物减排量和潜在甲烷减排量四个方面进行了测算，同时对潜在减排量的地理分布进行了归纳。通过分析发现，中国农林生物质能源资源的潜在利用在二氧化碳减排的绝对量方面具有较强的能力，潜在二氧化碳减排量一直处于上升阶段。但由于中国农林生物质能源资源的增长速度远低于中国二氧化碳排放量的增长速度，因此虽然绝对量有所增加，但是相对量却在逐年降低。从分布范围来看，农业生物质能源资源的潜在二氧化碳减排效益的最高区域主要分布在山东和河南，而林木生物质能源资源的潜在二氧化碳减排效益最高区域主要分布在四川和云南，其他类型区域围绕着这两个核心位置依次展开，两者之间存在互补关系。但总体来看，中国农林生物质能源资源的潜在二氧化碳减排潜力分布较为稳定。在潜在二氧化硫减排量、潜在氮氧化物减排量和潜在甲烷减排量方面，1993～2013年均呈现出减排潜力增加的趋势。从供热利用和发电利用方面来看，中国农林生物质能源资源的潜在经济效益来看也是呈现出两极分化的现象，但是总的潜在效益值随着时间的变化而逐渐增加。综合来看，今后中国农林生物质能源的潜在环境经济效益形成了以山东和河南为主的华北地区、以四川、云南和广西为主的西南地区和以黑龙江、内蒙古为主的东北地区三大核心区域。

第八章

结论与展望

第一节　研究结论

本书在众多学者研究的基础上，以中国农林生物质能源资源与环境和经济的潜在关系为主线，结合农业、林业、能源、经济、环境、地理等众多学科的理论知识，在定性分析的基础上对中国农林生物质能源历年的潜在资源量进行了测算，并对区域分布、变化趋势、集聚状态进行了分析，在此基础上结合中国的环境和经济状况对生物质能源利用的潜在效益进行了评价。回顾整个研究过程，本书基本上回答了开篇绪论中所提出的三个问题。（1）界定了农林生物质能源的资源类型，并对1993年以来中国农林生物质能源资源潜力及其分布状况进行了研究。（2）以中国农林生物质能源资源的分布为导向，明确了农林生物质能源资源与环境和经济之间的空间耦合关系。（3）对中国农林生物质能源资源利用的潜在环境效益和经济效益进行了评价，并着重探析了中国农林生物质能源资源利用在二氧化碳减排方面的潜在作用。具体来看，本书的主要研究结论如下。

（1）从中国农林生物质能源资源的数量整体变化来看，中国农林生物质能源资源潜力随着时间的推移在不断提高。1993年、1998年、2003年、2008年和2013年中国农林生物质能源资源的潜力量分别为21720.46万吨标准煤、24281.32万吨标准煤、22619.51万吨标准煤、27201.83万吨标准煤和29996.13万吨标准煤，其中农业生物质能源资源的潜力量平均比例为63.86%，林木生物质能源资源的潜力量平均比例为36.14%。

（2）中国农林生物质能源资源的空间格局呈现出以下四个特征。第一，农林生物质能源资源潜力较为丰富的省份主要集中在西南地区和东北地区等森林资源较为丰富的区域以及华北地区等农业资源较为丰富的区域，农林生物质能源资源潜力较低的省份主要集中在西部地区资源较为匮乏的区域。第二，从总体空间格局来看，总体上各个区域表现出空间正相关，长期以来中国的农林生物质能源资源潜力一直处于空间集聚状态，即农林生物质能源资源潜力较高的省份在地理空间上集中在某一区域，而农林生物质能源资源潜力较低的省份集中在另一区域。第三，总体空间分布演化呈现出集聚性先减弱后增强的变化趋势。从中国农林生物质能源资源潜力的局部空间格局来看，农林生物质能源资源潜力逐步呈现出空间二元分布结构，即农林生物质能源资源潜力高值集聚区域和低值集聚区域分化现象越来越明显。第四，从区域空间变动来看，中国农林生物质能源资源潜力的变化呈现出两种特征，即大部分省份的农林生物质能源资源潜力表现出空间位置上的持续稳定变化现象，少部分省份农林生物质能源资源潜力在空间上表现出周边区域不稳定的特性。

（3）中国农林生物质能源资源潜力和二氧化碳排放量两者之间在区域重心移动距离、变化方向等方面具有较好的整体空间耦合关系，但农业生物质能源资源和林木生物质能源资源所表现出的特征不同，农业生物质能源资源与二氧化碳排放量在重心变化方向方面具有较好的空间耦合性，而林木生物质能源与二氧化碳排放量的空间耦合性更主要的表现在空间移动方向方面。从区域耦合方面来看，中国农林生物质能源资源潜力与二氧化碳排放量之间的区域空间耦合关系呈现出先减弱、后稳定的变化趋势；在位置分布方面，1993～2013年，农林生物质能源资源潜力与二氧化碳排放量具有耦合特性的省份主要集中在中国的中东部区域，而西部区域具有耦合特性的省份数量较少。

（4）中国农林生物质能源资源与环境和经济之间具有较强的空间耦合特性，但是相比而言，农业生物质能源资源与环境和经济发展之间的整体空间耦合关系要高于林木生物质能源资源与两者之间的空间耦合关系。在区域空间耦合方面，从区域空间耦合关系的分布范围来看，山东及其周边省份为热点区域空间耦合关系较强的区域；从区域空间耦合关系的数量来看，具有空间耦合关系的省份数量在 1993 年和 1998 年较多，2003～2013年相对较少。在农业生物质能源资源、环境和经济三者相互作用关系方面，中国农林生物质能源资源的潜在利用会对中国二氧化碳排放量产生正向影响作用；中国化石能源的现有利用对中国二氧化碳排放量也产生正向影响作用，但是这种影响作用超过了农林生物质能源资源潜在利用的影响作用；经济发展对中国二氧化碳排放量的影响不稳定。

（5）中国农林生物质能源资源具有较高的潜在环境效益和经济效益。在二氧化碳减排、二氧化硫减排、氮氧化物减排和甲烷减排的绝对量方面具有较强的能力，潜在减排量一直处于上升阶段。但由于中国农林生物质能源资源的增长速度远低于温室气体排放量的增长速度，因此虽然绝对量有所增加，但是相对量却在逐年降低。从分布范围来看，农业生物质能源资源的潜在温室气体减排效益的最高区域主要分布在山东和河南，而林木生物质能源资源的潜在温室气体减排效益最高区域主要分布在四川和云南，其他类型区域围绕着这两个核心位置依次展开，两者之间存在互补关系。从供热利用和发电利用方面来看，中国农林生物质能源资源的潜在经济效益也呈现出两极分化的现象，但是总的潜在效益值随着时间的变化而逐渐增加。综合来看，今后中国农林生物质能源的潜在环境经济效益形成了以山东和河南为主的华北地区，以四川、云南和广西为主的西南地区和以黑龙江、内蒙古为主的东北地区三大核心区域。

第二节 未来展望

一、创新点

本书具有以下三个方面的创新。

第一，从研究结构来看，本书以资源为导向展开研究，整个研究立足于中国农林生物质能源资源的潜在资源量状况，在此基础上对其分布和变动趋势进行分析，之后以现有资源为基础，结合农林生物质能源资源利用的最重要目标——低碳减排，进一步研究了农林生物质能源资源的与环境之间的关系，在此基础上加入经济变量因素，进一步研究农林生物质能源资源与环境和经济之间的作用关系。整个研究体系相互关联，针对能源—经济—环境系统的研究均以资源为基础展开，具有较强的创新性。

第二，本书从空间的角度研究农林生物质能源资源的分布状况、变动趋势和与环境经济之间的耦合关系，同时对 1993 年、1998 年、2003 年、2008 年和 2013 年的空间分布和变动状况进行了整体分析。相对于传统的单区域、单时间研究而言，本书能够从总体上把握近年来中国农林生物质能源资源的变动状况、变动规律及其与环境和经济之间的耦合性，并总结出不同类型单元的空间集聚状态，因此相对于现有研究而言，在研究视角方面具有一定的创新性。

第三，本书以《生物质能发展"十二五"规划》《生物质能发展"十三五"规划》《节能减排"十二五"规划》《"十三五"节能减排综合工作方案》和国家能源局 2016～2018 年《能源工作指导意见》中所提出的现实问题为研究目标，在测算出农林生物质能源资源潜力和分布的基础上，结合当前农林生物质能源在环境方面的作用及主要利用方式，对中国农林生物质能源资源的潜在环境和经济效益进行评价，在此基础上对中国农林生物质能源产业的空间布局进行划分，研究成果具有一定的现实性、合理性和实用性。

二、不足与展望

由于受到研究时间和研究能力等方面的限制，本书在研究内容的细化方面还具有一定的欠缺，有待进一步探讨和分析。

首先，研究数据的获取具有一定的局限性。本书所用数据为面板数据，由于农林生物质能源资源的种类较多，而当前部分种类的历年数据无法获得，因此本书的测算数据与实际状况相比可能会偏小。并且由于林木生物质能源资源量的测算依赖于森林资源量，而中国的森林资源清查报告每五年统计一次，因此本书部分内容的研究时间点只能选取 1993 年、1998 年、2003 年、2008 年和 2013 年。

其次，有关农林生物质能源资源与环境和经济的关系方面的研究在方法上具有一定局限性。由于环境和经济指标系统较为复杂，本书只选取代表性指标作为环境和经济指标，因此在今后的研究中需分别建立完善的评价指标进行进一步分析。

最后，研究未考虑到技术水平因素。由于农林生物质能源资源具有多样性，而不同类型农林生物质能源资源的利用方式又有所不同，因此所产生的环境和经济效益也有差异，而本书仅进行粗略计算，因此有关农林生物质能源资源潜在环境和经济效益的多角度评价方面的研究今后还有待加强。

参 考 文 献

［1］毕于运. 秸秆资源评价与利用研究［D］. 北京：中国农业科学院，2010.

［2］蔡亚庆，仇焕广，徐志刚. 中国各区域秸秆资源可能源化利用的潜力分析［J］. 自然资源学报，2011，6（10）：1637 – 1646.

［3］曹国良，张小曳，郑方成，等. 中国大陆秸秆露天焚烧的量的估算［J］. 资源科学，2006，28（1）：9 – 13.

［4］陈雅琳，高吉喜，李咏红. 中国化石能源以生物质能源替代的潜力及环境效应研究［J］. 中国环境科学，2010，30（10）：1425 – 1431.

［5］崔明，赵立欣，田宜水，等. 中国主要农作物秸秆资源能源化利用分析评价［J］. 农业工程学报，2008，4（12）：291 – 296.

［6］董方晓. 基于区域森林资源的我国木质生物质能发展研究［D］. 北京：北京林业大学，2014.

［7］丁蒙，陈凯，刘腾飞. 农村居民对林木生物质能源的认知和态度分析［J］. 林业经济评论，2014，4（1）：151 – 156.

［8］段佐亮. 我国作物秸秆燃烧甲烷、氧化亚氮排放量变化趋势预测（1990—2020）［J］. 农业环境保护，1995，4（3）：111 – 116.

［9］范英，吴方卫. 中国液态生物质燃料产业发展的间接社会收益分析［J］. 长江流域资源与环境，2011（12）：1426 – 1431.

［10］高铁梅. 计量经济分析方法与建模——Eviews 应用及实例［M］. 2 版. 北京：清华大学出版社，2009.

［11］高文永. 中国农业生物质能资源评价与产业发展模式研究［D］. 北京：中国农业科学院，2010.

［12］国家林业局. 全国森林资源清查结果报告［M］. 北京：中国林

业出版社,1993,1998,2003,2008,2013.

[13] 国家能源局. 2016年能源工作指导意见 [Z]. 2016.

[14] 国家能源局. 生物质能发展"十二五"规划 [Z]. 2012.

[15] 国家林业局. 中国林业统计年鉴 [M]. 北京:中国林业出版社,1993 – 2013.

[16] 国家统计局. 中国环境统计年鉴 [M]. 北京:中国统计出版社,1998 – 2014.

[17] 国家统计局. 中国农村统计年鉴 [M]. 北京:中国统计出版社,1994 – 2014.

[18] 国家统计局. 中国能源统计年鉴 [M]. 北京:中国统计出版社,1995 – 2013.

[19] 国家统计局. 中国统计年鉴 [M]. 北京:中国统计出版社,1994 – 2014.

[20] 郭利磊,王晓玉,陶光灿,等. 中国各省大田作物加工副产物资源量评估 [J]. 中国农业大学学报,2012,17 (6):45 – 55.

[21] 郭永奇. 河南省主要农作物秸秆生物质资源定量评价及地理分布 [J]. 农业现代化研究,2013,34 (1):114 – 117.

[22] 郭晓慧,司慧,常建民,等. 北京市农业生物质资源量及利用方式 [J]. 黑龙江农业科学,2012 (8):54 – 56.

[23] 韩鲁佳,闫巧娟,刘向阳,等. 中国农作物秸秆资源及其利用现状 [J]. 农业工程学报,2002,18 (3):87 – 91.

[24] 何俊贺,南宁市主要农业生物质资源量测算及预测研究 [D]. 南宁:广西大学,2013.

[25] 何璇,李莉,李雪莉,等. 新疆生物质能源资源的经济效益分析与评价 [J]. 再生资源与循环经济,2014,7 (6):15 – 18.

[26] 何勇强. 湖南省林木生物质能源资源评价及其地域分布特征 [D]. 长沙:中南林业科技大学,2014.

[27] 贺仁飞. 中国生物质能源的地区分布及开发利用评价 [D]. 兰州:兰州大学,2013.

[28] 贺业方，朱兵，覃伟中，等．生物质能源林基地中原料供应模式选择的理论分析 [J]．林业经济问题，2009，29（5）：382 - 386.

[29] 侯坚，张培栋，张宝茸，等．中国林业生物质能源资源开发利用现状与发展建议 [J]．可再生能源，2009，27（6）：113 - 117.

[30] 侯新村，范希峰，武菊英，等．纤维素类能源草在京郊地区的经济效益与生态价值评价 [J]．草业学报，2011，20（6）：12 - 17.

[31] 李怒云，支玲，王国胜，等．"三北"地区林木生物质能源资源现状及产业发展研究 [J]．中国水土保持科学，2007，5（4）：70 - 74.

[32] 李顺龙，王耀华，宋维明．发展林木生物质能源对二氧化碳减排的作用 [J]．东北林业大学学报，2009，37（4）：83 - 85.

[33] 刘彦东，李红．新疆生物质能资源总量的估算及分布特征分析 [J]．经济研究导刊，2010，87（13）：109 - 110.

[34] 刘刚，沈镭．中国生物质能源的定量评价及其地理分布 [J]．自然资源学报，2007，22（1）：9 - 19.

[35] 罗凌．关于中国发展林木生物质能源原料供给的思考 [J]．山东林业科技，2012（6）：101 - 105.

[36] 吕文，王春峰．中国林木生物质能源发展潜力研究 [J]．中国能源，2005，27（11）：21 - 26.

[37] 米锋，潘文婧，陈凯．基于结构方程的林木生物质能源产业链外部驱动力研究 [J]．科技管理研究，2015，35（12）：128 - 132.

[38] 米锋，潘文婧，陈凯，等．内蒙古通辽地区农业生物质资源开发利用及其经济效益分析 [J]．干旱区资源与环境，2013，27（9）：44 - 49.

[39] 潘小苏．林木生物质能源资源潜力评估研究 [D]．北京：北京林业大学，2014.

[40] 乔方毅．洞庭湖生态经济区人口与经济空间耦合关系研究 [J]．经济研究导刊，2015（6）：63 - 67，104.

[41] 冉毅，李谦，彭德全，等．生物质成型燃料技术特点及经济效益分析 [J]．安徽农业科学，2015，43（27）：322 - 325.

[42] 宋葳苞．浙江省秸秆资源及其品质调查研究 [J]．土壤肥料，

1995（2）：23 – 26.

　　[43] 苏世伟，朱文，聂影. 中国的林木生物质能源：国内供应与国际进口 [J]. 林业经济，2014（11）：80 – 82，88.

　　[44] 孙凤莲，王忠吉，叶慧. 林木生物质能源产业发展现状、可能影响与对策分析 [J]. 经济问题探索，2012（3）：149 – 153.

　　[45] 田宜水，孙丽英，姚宗路，等. 中国农村能源温室气体主要减排技术评价及潜力分析 [J]. 可再生能源，2012，30（3）：124 – 127.

　　[46] 田宜水，赵立欣，孟海波，等. 中国农村生物质能利用技术和经济评价 [J]. 农业工程学报，2011，27（增刊1）：1 – 5.

　　[47] 田宜水，赵立欣，孙丽英，等. 农业生物质能资源分析与评价 [J]. 中国工程科学，2011，13（2）：24 – 28.

　　[48] 王武魁，苏贤明，施海，等. 北京林业生物质资源空间密度分布计算及加工点选址优化 [J]. 北京林业大学学报，2010，32（6）：71 – 79.

　　[49] 王晓明，唐兰，赵黛青，等. 中国生物质资源潜在可利用量评估 [J]. 三峡环境与生态，2010，32（5）：38 – 42，62.

　　[50] 王晓玉. 以华东、中南、西南地区为重点的大田作物秸秆资源量及时空分布的研究 [D]. 北京：中国农业大学，2014.

　　[51] 王瑶，米锋. 农户参与林木生物质能源产业发展的意愿研究——基于 TAM 理论的视角 [J]. 林业经济，2015，37（6）：89 – 93.

　　[52] 王亚静，毕于运，高春雨. 中国秸秆资源可收集利用量及其适宜性评价 [J]. 中国农业科学，2010，43（9）：1852 – 1859.

　　[53] 王仲颖. 生物质替代煤炭供热是条新路 [N]. 中国能源报，2014 – 07 – 07（2）.

　　[54] 魏珣，马中，贾敬敦，等. 林木生物质热电联产与燃煤热电项目的全成本经济评价比较分析 [J]. 中国农业科技导报，2012，14（1）：122 – 130.

　　[55] 魏一鸣，范英，韩智勇. 中国能源发展报告（2006）——战略与政策研究 [M]. 北京：科学出版社，2006.

　　[56] 韦茂贵，王晓玉，谢光辉. 我国不同地区主要大田作物田间秸秆

成熟期 [J]. 中国农业大学学报, 2012, 17 (6): 20 – 31.

[57] 吴明作, 孟伟, 赵勇, 等. 河南省农业剩余物资源潜力分析 [J]. 可再生能源, 2014, 32 (2): 222 – 228.

[58] 吴志庄, 夏恩龙, 王树东, 等. 中国竹类生物质能源开发利用及前景展望 [J]. 世界林业研究, 2013, 26 (2): 60 – 64.

[59] 夏宗鹏, 杨孟军, 陈冠益, 等. 生物质气化燃气和沼气分散供热经济与环境效益分析 [J]. 农业工程学报, 2014, 30 (13): 211 – 218.

[60] 谢光辉, 王晓玉, 韩东倩, 等. 中国非禾谷类大田作物收获指数和秸秆系数 [J]. 中国农业大学学报, 2011, 16 (1): 9 – 17.

[61] 谢光辉, 韩东倩, 王晓玉, 等. 中国禾谷类大田作物收获指数和秸秆系数 [J]. 中国农业大学学报, 2011, 16 (1): 1 – 8.

[62] 谢光辉, 王晓玉, 任兰天. 中国作物秸秆资源评估研究现状 [J]. 生物工程学报, 2010, 26 (7): 855 – 863.

[63] 邢红, 赵媛, 王宜强. 江苏省南通市农村生物质能资源潜力估算及地区分布 [J]. 生态学报, 2015, 35 (10): 3480 – 3489.

[64] 邢熙, 郑风田, 崔海兴. 中国林木生物质能源: 现状、障碍及前景 [J]. 林业经济, 2009 (3): 6 – 12.

[65] 谢璐琳. 我国林业生物质能源产业扶持政策分析 [D]. 北京: 北京林业大学, 2014.

[66] 徐剑琦. 林木生物质能资源量及资源收集半径的计量研究 [D]. 北京: 北京林业大学, 2006.

[67] 杨恒. 林农参与能源林基地建设行为研究 [D]. 北京: 北京林业大学, 2014.

[68] 杨子尧, 王云琦. 四川农村户用沼气温室气体减排量估算与能源环境效益分析 [J]. 中国农学通报, 2014, 30 (29): 229 – 233.

[69] 于春燕, 孟军. 基于 AHP 和模糊评判的生物质秸秆发电的效益评价 [J]. 中国农学通报, 2010, 26 (4): 323 – 327.

[70] 赵军, 王述洋. 我国农林生物质资源分布与利用潜力的研究 [J]. 农业机械化, 2008 (6): 231 – 233.

[71] 赵晓光,钟敏.黑龙江省生物质能源的估算及分布特点 [J].福建林业科技,2015,42 (2):169-173.

[72] 张兵,张宁,李丹,等.江苏省秸秆类农业生物质能源分布及其利用的效益 [J].长江流域资源与环境,2012,21 (2):181-186.

[73] 张培栋,杨艳丽,李光全,等.中国农作物秸秆能源化潜力估算 [J].可再生能源,2007,25 (6):80-83.

[74] 张卫东,张兰,张彩虹,等.我国林木生物质能源资源分类及总量估算 [J].北京林业大学学报 (社会科学版),2015,14 (2):52-55.

[75] 张希良,吕文.中国森林能源 [M].北京:中国农业出版社,2008.

[76] 张亚平,孙克勤,左玉辉.中国发展能源农业的环境效益的定量评价和地理分布格局分析 [J].农业环境科学学报,2010,29 (5):826-832.

[77] 张亚平,孙克勤,左玉辉.中国发展能源农业的效益评价与区域分析 [J].资源科学,2009,31 (12):2080-2085.

[78] 张颖,陈艳.中部地区生物质资源潜力与减排效应估算 [J].长江流域资源与环境,2012,21 (10):1185-1190.

[79] 中国林木生物质能源资源研究专题组.中国林木生物质能源资源培育与发展潜力调查 [J],中国林业产业,2006 (1):12-21.

[80] 钟华平,岳燕珍,樊江文.中国作物秸秆资源及其利用 [J].资源科学,2003,25 (4):62-67.

[81] 郑幕强.东盟五国能源消费、经济增长与碳排放——基于环境库兹涅茨曲线的实证研究 [J].创新,2012,6 (3):82-86.

[82] 周春江.重庆市农林生物质资源估算及其时空分布特征分析 [D].重庆:西南大学,2011.

[83] 朱建春,李荣华,杨香云,等.近30年来中国农作物秸秆资源量的时空分布 [J].西北农林科技大学学报 (自然科学版),2012,40 (4):139-144.

[84] 朱文,苏世伟,聂影.中国木质能源进出口贸易特征分析 [J].

绿色科技, 2015 (7): 293 - 296.

[85] Abila N. Biofuels adoption in Nigeria: A preliminary review of feedstock and fuel production potential [J]. Management of environmental quality: An international journal, 2010, 21 (6): 785 - 795.

[86] Bilgen S, Keles S, Sarikaya I, et al. A perspective for potential and technology of bioenergy in Turkey: Present case and future view [J]. Renewable and sustainable energy reviews, 2015 (48): 228 - 239.

[87] Blanchard R, O'Farrell P J, Richardson D M. Anticipating potential biodiversity conflicts for future biofuel crops in South Africa: Incorporating spatial filters with species distribution models [J]. Global change biology bioenergy, 2015 (7): 273 - 287.

[88] Bos H L, Meesters K P H, Conijn S G, et al. Comparing biobased products from oil crops versus sugar crops with regard to non-renewable energy use, GHG emissions and land use [J]. Industrial crops and products, 2016 (84): 366 - 374.

[89] Chang M C. Room for improvement in low carbon economies of G7 and BRICS countries based on the analysis of energy efficiency and environmental Kuznets curves [J]. Journal of cleaner production, 2015 (99): 140 - 151.

[90] Cintas O, Berndes G, Cowie A L, et al. The climate effect of increased forest bioenergy use in Sweden: evaluation at different spatial and temporal scales [J]. Wires energy environment, 2016 (5): 351 - 369.

[91] Cosentino S L, Testa G, Scordia D, et al. Future yields assessment of bioenergy crops in relation to climate change and technological development in Europe [J]. Italian journal of agronomy, 2012 (7): 154 - 166.

[92] Cosic B, Stanic Z, Duic N. Geographic distribution of economic potential of agricultural and forest biomass residual for energy use: Case study Croatia [J]. Energy, 2011 (36): 2017 - 2028.

[93] Deviren S A, Deviren B. The relationship between carbon dioxide emission and economic growth: Hierarchical structure methods [J]. Physical

a-statistical mechanics and its applications, 2016 (451): 429 –439.

[94] Duku M H, Gu S, Hagan E B. A comprehensive review of biomass resources and biofuels potential in Ghana [J]. Renewable and sustainable energy reviews, 2011 (15): 404 –415.

[95] Duarte A, Sarache W, Costa Y. Biofuel supply chain design from coffee cut stem under environmental analysis [J]. Energy, 2016 (100): 321 –331.

[96] Dymond C C, Titus B D, Stinson G, et al. Future quantities and spatial distribution of harvesting residue and dead wood from natural disturbances in Canada [J]. Forest ecology and management, 2010 (260): 181 –192.

[97] Elmore A J, Shi X, Gerence N J, et al. Spatial distribution of agricultural residue from rice for potential biofuel production in China [J]. Biomass and bioenergy, 2008 (32): 22 –27.

[98] Evans J M, Fletcher R J, Alavalapati J. Using species distribution models to identify suitable areas for biofuel feedstock production [J]. Global change biology bioenergy, 2010 (2): 63 –78.

[99] Feyereisen G W, Camargo G G T, Baxter R E, et al. Cellulosic biofuel potential of a winter rye double crop across the U. S corn-soybean belt [J]. Agronomy journal, 2013, 105 (3): 631 –642.

[100] Fischer G, Prieler S, Velthuizen H, et al. Biofuel production potentials in Europe: Sustainable use of cultivated land and pastures, Part I: Land productivity potentials [J]. Biomass and bioenergy, 2010 (34): 159 –172.

[101] Gil M V, Blanco D, Carballo M T, et al. Carbon stock estimates for forests in the Castilla y Leon region, Spain. A GIS based method for evaluating spatial distribution of residual biomass for bio-energy [J]. Biomass and bioenergy, 2011 (35): 243 –252.

[102] Giovanni S, Martin B, Claudia K. An overview of biofuel policies across the world [J]. Energy policy, 2010 (38): 6977 –6988.

[103] Ha M, Wu M. Simulating and evaluating best management practices

for integrated landscape management scenarios in biofuel feedstock production [J]. Biofuels bioproducts and biorefining, 2015, 9 (6): 709 –721.

[104] Hellmann F, Verburg P H. Spatially explicit modelling of biofuel crops in Europe [J]. Biomass and bioenergy, 2011 (35): 2411 –2424.

[105] Herr A, Dunlop M. Bioenergy in Australia: An improved approach for estimating spatial availability of biomass resources in the agricultural production zones [J]. Biomass and bioenergy, 2011 (35): 2298 –2305.

[106] Hiloidhari M, Das D, Baruah D C. Bioenergy potential from crop residue biomass in India [J]. Renewable and sustainable energy reviews, 2014 (32): 504 –512.

[107] Horst D, Vermeylen S. Spatial scale and social impacts of biofuel production [J]. Biomass and bioenergy, 2011 (35): 2435 –2443.

[108] Intergovernmental Panel on Climate Change (IPCC). 2006 IPCC guidelines for national greenhouse gas inventories [M]. Kanagawa: IGES, 2006.

[109] Intergovernmental Panel on Climate Change (IPCC), Organisation for Economic Co-operation and Development (OECD), International Energy Agency (IEA). Revised 1996 IPCC guidelines for national greenhouse gas inventories [M]. Bracknell: UK Meteorological Office, 1996.

[110] Joshi O, Mehmood S R. Factors affecting nonindustrial private forest landowners' willingness to supply woody biomass for bioenergy [J]. Biomass and bioenergy, 2011 (35): 186 –192.

[111] Khan A M, Khaliq S, Sadiq R. Investigation of waste banana peels and radish leaves for their biofuels potential [J]. Bulletin of the chemical society of Ethiopia, 2015, 29 (2): 239 –245.

[112] Kumar S, Salam P A, Shrestha P, et al. An assessment of Thailand's biofuel development [J]. Sustainability, 2013 (5): 1577 –1597.

[113] Kuparinen K, Heinimo J, Vakkilainen E. World's largest biofuel and pellet plants-geographic distribution, capacity share, and feedstock supply

［J］. Biofuels, bioproducts and biorefining, 2014 (8): 747 – 754.

［114］ Long H, Li X, Wang H, et al. Biomass resources and their bioenergy potential estimation: A review ［J］. Renewable and sustainable energy reviews, 2013 (26): 344 – 352.

［115］ Lossau S, Fischer G, Tramberend S, et al. Brazil's current and future land balances: Is there residual land for bioenergy production ［J］. Biomass and bioenergy, 2015 (81): 452 – 461.

［116］ Mao G, Zou H Y, Chen G Y, et al. Past, current and future of biomass energy research: A bibliometric analysis ［J］. Renewable and sustainable energy reviews, 2015 (52): 1823 – 1833.

［117］ Muth D J, Bryden K M, Nelson R G. Sustainable agricultural residue removal for bioenergy: A spatially comprehensive US national assessment ［J］. Applied energy, 2013 (102): 403 – 417.

［118］ Moody J W, McGinty C M, Quinn J C. Global evaluation of biofuel potential from microalgae ［J］. PNAS, 2014, 111 (23): 8691 – 8696.

［119］ Offermann R, Seidenberger T, Thran D, et al. Assessment of global bioenergy potentials ［J］. Mitigation adaptation strategies for global change, 2011 (16): 103 – 115.

［120］ Olaleye O, Baker E. Large scale scenario analysis of future low carbon energy options ［J］. Energy economics, 2015 (49): 203 – 216.

［121］ Ooba M, Fujii M, Hayashi K. Geospatial distribution of ecosystem services and biomass energy potential in eastern Japan ［J］. Journal of cleaner production, 2016 (130): 35 – 44.

［122］ Pantaleo A M, Giarola S, Bauen A, et al. Integration of biomass into urban energy systems for heat and power. Part I: An MILP based spatial optimization methodology ［J］. Energy conversion and management, 2014 (83): 347 – 361.

［123］ Paredes-Sanchez J P, Garcia-Elcoro V E, Rosillo-Calle F, et al. Assessment of forest bioenergy potential in a coal-producing area in Asturias

171

参考文献

(Spain) and recommendations for setting up a Biomass Logistic Centre (BLC) [J]. Applied energy, 2016 (171): 133 –141.

[124] Paschalidou A, Tsatiris M, Kitikidou K. Energy crops for biofuel production or for food? SWOT analysis [J]. Renewable energy, 2016 (93): 636 –647.

[125] Pettersson K, Wetterlund E, Athanassiadis D, et al. Integration of next-generation biofuel production in the Swedish forest industry: a geographically explicit approach [J]. Applied energy, 2015 (154): 317 –332.

[126] Quinn J C, Catton K, Wagner N, et al. Current large-scale US biofuel potential from microalgae cultivated in photobioreactors [J]. Bioenergy research, 2012 (6): 49 –60.

[127] Quinn J C, Catton K, Johnson S, et al. Geographical assessment of microalgae biofuels potential incorporating resource availability [J]. Bioenergy research, 2013 (6): 591 –600.

[128] Rios M, Kaltschmitt M. Bioenergy potential in Mexico—status and perspectives on a high spatial distribution [J]. Biomass conversion and biorefininery, 2013 (3): 239 –254.

[129] Saha M, Eckelman M J. Geospatial assessment of potential bioenergy crop production on urban marginal land [J]. Applied energy, 2015 (159): 540 –547.

[130] Saud T, Singh D P, Mandal T K, et al. Spatial distribution of biomass consumption as energy in rural areas of the Indo-Gangetic plain [J]. Biomass and bioenergy, 2011 (35): 932 –941.

[131] Schaffartzik A, Plank C, Brad A. Ukraine and the great biofuel potential? A political material flow analysis [J]. Ecological economics, 2014 (104): 12 –21.

[132] Sesmero J P. Cellulosic biofuels from crop residue and groundwater extraction in the US plains: The case of Nebraska [J]. Journal of environmental management, 2014 (144): 218 –225.

[133] Shane A, Gheewala S H, Fungtammasan B, et al. Bioenergy resource assessment for Zambia [J]. Renewable and sustainable energy reviews, 2016 (53): 93 – 104.

[134] Shi X L, Wang W, Shi W J. Progress on quantitative assessment of the impacts of climate change and human activities on cropland change [J]. Journal of geographical sciences, 2016, 26 (3): 339 – 354.

[135] Smeets E, Faaji A. Bioenergy potentials from forestry in 2050: an assessment of the drivers that determine the potential [J]. Climatic Change, 2007 (81): 353 – 390.

[136] Szymanska D, Lewandowska A. Biogas power plants in Poland— structure, capacity and spatial distribution [J]. Sustainability, 2015 (7): 16801 – 16819.

[137] Thomas A, Bond A, Hiscock K. A GIS based assessment of bioenergy potential in England within existing energy systems [J]. Biomass and bioenergy, 2013 (55): 107 – 121.

[138] Thomsen S T, Kadar Z, Schmidt J E. Compositional analysis and projected biofuel potentials from common west African agricultural residues [J]. Biomass and bioenergy, 2014 (63): 210 – 217.

[139] Vimmerstedt L J, Bush B, Peterson S. Ethanol distribution, dispensing and use: analysis of a portion of the biomass-to-biofuels supply chain using system dynamics [J]. PLOS ONE, 2012, 7 (5): e35082.

[140] Wang H, Zhou S L, Li X b, et al. The influence of climate change and human activities on ecosystem service value [J]. Ecological engineering, 2016 (87): 224 – 239.

[141] Wetterlund E, Leduc S, Dotzauer E, et al. Optimal localisation of biofuel production on a European scale [J]. Energy, 2012 (41): 462 – 472.

[142] Wightman J L, Ahmed Z U, Volk T A, et al. Assessing sustainable bioenergy feedstock production potential by Integrated geospatial analysis of land use and land quality [J]. Bioenergy research, 2015, 8 (4): 1671 – 1680.

173

参考文献

［143］ Xue Z, Qu L Q, Yang X S. Potential production and spatial distri-bution of hybrid poplar as a biofuel crop in Connecticut, USA ［J］. International journal of agricultural and biological engineering, 2014, 7 (2): 10 – 18.

［144］ Zhang C X, Zhang L M, Xie G D. Forest biomass energy resources in China: quantity and distribution ［J］. Forests, 2015 (6): 3970 – 3984.

［145］ Zhang L L, Hu G P, Wang L Z, et al. A bottom-up biofuel market equilibrium model for policy analysis ［J］. Annals of operations research, 2016 (236): 75 – 101.

图书在版编目（CIP）数据

中国农林生物质能源资源潜力及其利用的环境经济效益
研究/臧良震著．—北京：经济科学出版社，2021.4
　ISBN 978 - 7 - 5218 - 2354 - 7

　Ⅰ．①中…　Ⅱ．①臧…　Ⅲ．①农业 - 生物能源 - 研究 -
中国②林木 - 生物能源 - 研究 - 中国　Ⅳ．①F426.2

　中国版本图书馆 CIP 数据核字（2021）第 020466 号

责任编辑：齐伟娜　初少磊　尹雪晶
责任校对：李　　建
责任印制：范　艳　张佳裕

中国农林生物质能源资源潜力及其利用的环境经济效益研究
臧良震　著
经济科学出版社出版、发行　新华书店经销
社址：北京市海淀区阜成路甲 28 号　邮编：100142
总编部电话：010 - 88191217　发行部电话：010 - 88191540
网址：www.esp.com.cn
电子邮箱：esp@esp.com.cn
天猫网店：经济科学出版社旗舰店
网址：http://jjkxcbs.tmall.com
北京季蜂印刷有限公司印装
710×1000　16 开　11.5 印张　170000 字
2021 年 7 月第 1 版　2021 年 7 月第 1 次印刷
ISBN 978 - 7 - 5218 - 2354 - 7　定价：48.00 元
（图书出现印装问题，本社负责调换。电话：010 - 88191510）
（版权所有　翻印必究　举报电话：010 - 88191586
电子邮箱：dbts@esp.com.cn）